Luisa Famos

ich bin die Schwalbe von einst
eu sun la randolina d'ünsacura

Gedichte aus dem Nachlass

Rätoromanisch und Deutsch
Herausgegeben von Mevina Puorger

Vorwort von Iso Camartin

Aus dem Rätoromanischen und
mit einem Nachwort von Mevina Puorger
und Franz Cavigelli

Limmat Verlag
Zürich

Die Herausgabe und die Übersetzung des vorliegenden Bandes wurden durch Beiträge der Schweizer Kulturstiftung Pro Helvetia unterstützt
Für Druckkostenzuschüsse danken wir folgenden Stiftungen und Institutionen:
Willi Muntwyler-Stiftung, Fundaziun Prof. Dr. Andri Augustin, Corporaziun dals Cumüns Concessiunaris da las OEE, Fundaziun Giovannina Bazzi-Mengiardi, Quarta Lingua und eine Stiftung, die nicht namentlich genannt sein möchte.

Der literarische Nachlass der Dichterin Luisa Famos wurde aufgearbeitet im Rahmen einer Dissertation an der Universität Zürich, angenommen auf Antrag von Prof. Iso Camartin.

Jachen Andry hat die romanischen Texte dieser Ausgabe lektoriert, wofür die Herausgeberin sich herzlich bedankt.

Herr dipl. Ing. ETH Jürg Pünter-Famos hat mit seinen Kindern Florio Marchet Puenter und Uorschla Fadrina Pünter den lyrischen Nachlass seiner Ehefrau Luisa Famos zugänglich gemacht. Damit konnte dieses Buch entstehen.
Ihnen gilt tiefer Dank!

Der Buchtitel entspricht dem Anfang des gleichnamigen Gedichts

Die Fotos der Gemeinde Ramosch und des Elternhauses von Luisa Famos stammen aus den 1960er Jahren (Foto Rauch, Scuol und Foto Feuerstein, Scuol). Die Fotos der Autorin stammen der Reihe nach aus den Jahren 1961 bis 1966; die Familienfoto wurde 1969 in Honduras aufgenommen, die lesende Autorin 1971 in Venezuela.

Alle Fotos stammen aus dem Archiv Luisa Famos und wurden von Florio Puenter für diese Ausgabe zusammengestellt.
Umschlagzeichnung von Carlotta Stocker (1972, Karton)

ISBN 3 85791 462 9

Inhalt

Iso Camartin

Sterne entfachen
Die Gedichte der Luisa Famos

Wörter in einem Gedicht sind wie Schlüssel zu einem Haus, durch dessen Türen wir die Schutzräume unserer Gefühle betreten. Losungsworte, die uns in mehr gewünschte als gekannte Umgebungen bringen. Sesamworte, die uns die Türen erschliessen zum Glanzgebiet der Sprache, wo die Welt auf einmal anders aufleuchtet, als wo man sie nur in üblicher Weise bespricht. Oder wie es ein deutscher Romantiker sehen wollte: Zauberworte mit Verwandlungsmacht, die das Lied erlösen aus jedem Ding, das da stumm vor sich hin träumt.

Ich habe in den vergangenen Jahren eine überraschende Erfahrung gemacht. Wenn ich in Reden, Vorträgen oder Debatten, die sich mit dem bündnerromanischen Kulturraum befassten, auf ein Gedicht der Luisa Famos zu sprechen kam, erhöhte sich innert weniger Augenblicke die Spannung und Aufmerksamkeit im Publikum. Als ob dieser Frau eine Mischung von Neugierde und Zuneigung geradezu auf Abruf entgegen flöge. Selbst bei Leuten, die kaum mehr als ihren Namen kennen und von Gedichten sich in der Regel weder behelligen noch seelisch überrumpeln lassen. Sie ist zur Magierin mit der Zaubergerte geworden, die die geschützten und abgehärteten Zonen unseres Innenlebens aufzuweichen versteht und aufleben lässt. Ihren Worten und ihren Bildern zu widerstehen ist kaum möglich. Es ist eine Verführung ohne Blendung und ohne Druck. Schon eher eine sachte Berührung. So wie ein Wind manchmal unsere nackte Haut streift und ein neues Körpergefühl weckt.

Was ist das Geheimnis dieser Sprachkraft, die schon bei leiser Berührung die Wände im Haus unserer Gefühle vibrieren lässt? Ich vermute: es ist der Klang dieser Gedichte. Und es ist eine Haltung zur Welt, die ohne Abschweifung und Ablenkung direkt aufs Wesentliche zielt.

Der Klang zunächst: Sie ist eine raffinierte Sprachmusikerin, diese Luisa Famos. Wie sie mit Lautwerten umgeht, mit Kontrasten, Wiederholungen, Verstärkungen im Klangrepertoire des Unterengadinischen – mit hörbarem Einsatz von Ramoscher-Eigenarten und Varianten –, das ist fabelhaft und seltsam festlich, ohne je pompös zu sein. So als verstünde eine Musikerin in besonders perfekter Weise, die Klanggeheimnisse und die Lautfülle ihres Instrumentes zu erschliessen. Selbst wenn sie von dunklen und schweren Dingen spricht: sie klingen kristallin, transparent, niemals schrill und atemlos. Manchmal spürt man geradezu so etwas wie die Klarheit einer Choralmelodie, oder die Verlässlichkeit eines Widerhalls. Und in den Liebesgedichten baut sie gegen Ende manchmal eine Klanghöhle, in die sich die Liebenden geschützt zurückziehen dürfen. Ich denke, dass kein hellhöriger Mensch daran zweifeln wird, welch schöne Sprache das bünderromanische Vallader ist, sobald man in die Klangwelt der Gedichte der Luisa Famos einsteigt.

Aber gewiss spielen die Inhalte ihrer Gedichte eine ebenso wichtige Rolle. Dieser Scharfblick fürs Wesentliche, diese Ferne zu Firlefanz und Flatterwerk, diese intime Nähe zu den ursprünglichen Eigenschaften der Dinge: das greift so tief in unser Verständnis der Welt wie in unser Selbstverständnis ein. Es sind die kleinen Dinge, die die grössten werden müssen, um am Leben nicht vorbei zu leben. Was man sieht, wenn man aus dem Fenster blickt; was man erlebt, wenn man den Herbst spürt; was man hört, wenn der Wind bläst; was man sich erträumt, wenn man im Dunkeln liegt. Der Wolkenhimmel, ein Augustnachmittag, der Schatten, den Schwalben im Flug auf die Hauswand werfen, das Gefühl für die rinnende Zeit im

Innern des eigenen Körpers: aus Umkreisungen und Vergegenwärtigungen solcher Dinge bestehen die Gedichte der Luisa Famos. Und immer wieder das Geheimnis der Liebe: dieses Streben, dieses Sehnen, diese einkehrende und wieder ausziehende Erfüllung. Die zwei von Luisa Famos selbst komponierten Gedichtbände, zuerst in rätoromanischer Sprache, später im Band «Poesias» vereint und auch in deutscher Übersetzung herausgegeben, enthalten Erinnerungen, Gegenwartsaugenblicke, Zukunftshoffnungen, Todesahnungen, die dicht gesättigt sind mit greifbarer Sinnlichkeit und zugleich durchzogen von jenem Stoff, aus dem die Wünsche gemacht sind. Niemand legt diesen Band unbetroffen aus der Hand. Da ist jemand dem Geheimnis des Lebendigseins ganz nahe gekommen. Eine sanfte und leise Botschaft bleibt im Lesenden zurück: Versuche auch du, dem Wesentlichen nicht auszuweichen!

Verständlich, dass man nach mehr verlangte. Gibt es nicht noch andere Gedichte der Luisa Famos? Was hat sie unpubliziert gelassen, das uns vielleicht ebenso beglücken könnte wie das, was sie uns zu Lebzeiten gab? Luisas Ehemann und ihre beiden Kinder waren einverstanden, den literarischen Nachlass einer Prüfung unterziehen zu lassen. Mevina Puorger hat diesen Nachlass gesichtet, geordnet, kritisch kommentiert und in ihrer Dissertation der akademischen Welt zugänglich gemacht. Doch diese Gedichte, Entwürfe, Erst- und Zweitfassungen, die sich im Nachlass fanden, sind nicht nur für die Forschung, die Archive und die Literaturgeschichte von Bedeutung. Diese Texte sprechen am direktesten zu Leserinnen und Lesern, die die Liebe und den Schmerz begreifen, das Geheimnis der wiederkehrenden und der vergehenden Zeit erspüren und die Schönheit der geschaffenen Welt ergründen wollen. Diese Gedichte sind für schönheitshungrige Wesen geschrieben, die aus ihrer Lebenszeit eine Zeit der Begegnung machen möchten, eine Zeit der Suche nach Erfüllung und eine Zeit der Zuwendung zu den Rätseln der Schöpfung. Darum werden sie hier als «Gedichte aus dem Nachlass» in der Übersetzung von Mevina Puorger und Franz Cavigelli einer breiteren Öffentlichkeit zugänglich gemacht. Ich bin sicher: Luisa hätte die Gedichte wohl nicht so publiziert, wie sie jetzt da stehen. Sie hätte an ihnen weiter gefeilt und gekürzt, bis zu jener Form, die ihr gut genug schien. Doch hätte sie länger gelebt, sie hätte uns sicher das, was ihr Blick an der Welt zu entdecken und ihr Ohr dem Wind abzulauschen vermochte, nicht verborgen gehalten.

Diese Gedichte aus dem Nachlass sind nicht sensationell im Sinn, dass in ihnen Unerhörtes und Nieerwartetes zur Sprache käme. Aber sie sind in Machart und Tonlage ebenso unwiderstehlich wie die von Luisa früher publizierten Gedichte. Auch die Themen sind nicht wesentlich andere, der Zugangsgestus auf die die Dichterin umgebende Realität unterscheidet sich kaum von den bisher bekannten Gedichten. Und doch lässt sich da und dort eine andersartige Intensität feststellen, eine weniger strenge Spielform, eine Lust am sich Vortasten und Erkunden, die in den früher publizierten nicht so deutlich fühlbar ist. Erinnerungen an Glücksmomente stehen neben Erfahrungen von Verlust und Trauer. Der Wechsel von Tag und Nacht ist ein wichtiges Motiv: Hoffnungen, lockend und ladend bei Licht besehen, und Hoffnungen, die bald in Nacht und Dunkelheit verloren gehen. Einmal ist die Nacht noch jener Mantel, der die sichtbaren Freuden wie das verborgene Leiden umfängt. Dann wieder ist sie nur die kalte Dunkelheit, die das Lebensfeuer erlöschen lässt. Es leuchten und flimmern viele Sterne in diesen Gedichten: solche, die sich einprägen wie Glücksfeuer, andere, die nichts als Ferne und kalte Glut verströmen. Die Liebe erfahren heisst einmal, jemand zu kennen, der Sterne zu entfachen vermag.

Die Dichterin will es genauer wissen. Darum wird das Rätsel Mensch von ihr mit Fragen umkreist: Wer bin ich denn, die sich heute Nacht so sehnend diesen Sternen öffnet und doch am dringlichsten nach der Hand verlangt, die mich berühren soll? Wie waren unsere Vorgänger, die sich in uns wieder melden? Komme ich nicht von weit her, obwohl nur zu zählen scheint, wer ich hier und heute bin? Was geht in mir vor, jetzt, wo neues Leben in mir wächst? – Es sind Geburtserwartungen und Todesahnungen, der die Generationen übergreifende Bogen, die zum Anlass für die Dichterin werden, das Geheimnis des Lebens als etwas zu sehen, das die Zeit und die Fähigkeiten des Einzelnen weit übergreift. Und doch ist es nur der Einzelne, der liebt und leidet. Sie allein, die glücklich-unglückliche Frau mit der Sehnsucht nach Unendlichem, kann uns zu verstehen geben, was im Wechsel der Jahreszeiten geschieht, warum ihr der Herbst die wichtigste Zeit des Jahres ist, weshalb überall Abschied lauert und droht und wie der Winter mit der erbarmungslos grossen Kälte uns alle einholen wird. Es braucht eine Dichterin, um uns das Allernatürlichste wunderlich und auffällig zu machen. Eine Dichterin wie Luisa Famos.

Viele ihrer Gedichte haben einen doppelten Boden. Sie sind beim ersten Lesen nicht immer die besten. Und doch sind sie die überraschendsten und mir deshalb oft die liebsten. – Ein gutes Beispiel dafür ist:

L'accord

Eu saint suns d'ün accord,
cregns da vita
dalöntsch da la mort.

Da vus inavriar
less ma plaina dulur.
O fadima pro mai
tü sublim accord.

Profuond at respir –
dandet est svantà
meis immaint da tai
gnit apaina strivlà.

Ma l'algord es plü ferm
e quel cling'in etern.

Das lyrische Ich hört einen Klang, einen randvoll von Leben durchpulsten Klang. Er lässt alles, was an den Tod erinnert, vergessen. Im Ich wartet etwas, das nach dem lebendig machenden Ton schreit. Dieses Ich will sich an diesem Ton berauschen, es will den eigenen Schmerz in diesem Lebenston ertränken. Die Dichterin versucht, den gehörten Klang einatmend zu einem ihr gehörigen zu machen – doch da ist er plötzlich weg, verklungen und verflogen, und sie stellt ernüchtert fest: «meis immaint da tai/gnit apaina strivlà – mein inneres Selbst wurde von dir kaum gestreift.» Die zwei letzten Zeilen des Gedichts sind unfertig in Gedanken und Ton. Beleg dafür ist auch der unreine Reim. Die Dichterin beschwört hier eine Konvention, die da will, dass die Erinnerung an ein Schönes wichtiger sei als die Realpräsenz dieses Schönen. Und so sagt sie: «Erinnerung aber ist stärker und klingt weiter für immer.» Man kann gar nicht anders als vorhersehen, dass Luisa Famos diesen Schluss entweder gestrichen oder aber beim nächsten Durchgang weniger konventionell gestaltet hätte.

Dennoch enthält gerade dieses unvollkommene Gedicht Dinge, die den Leser zum Staunen bringen. Sie liegen auf der Ebene der Wortwahl. Luisa Famos wählt in ihren Gedichten mit Vorliebe die Alltagssprache, die auch ungeschulten bündnerromanischen Lesern immer verständlich bleibt. Und doch reizt es sie, da und dort die schlichte Art des Sprechens zu durchsetzen mit seltenen und gelehrten Ausdrücken, deren Bedeutungen längst nicht allen vertraut sind. In unserem Gedicht sind es drei Wörter, die den meisten Benützern des Rätoromanischen nicht ohne weiteres verständlich sein dürften. Das erste ist «inavriar». Es heisst: betrunken machen, in Begeisterungstaumel versetzen. Das lateinische «inebriare» steckt dahinter, das Wort findet sich häufig in der Bibel. Über die Erasmusbibel wandert es schon bei Bifrun, dem ersten Übersetzer des Neuen Testaments, in den Wortschatz des Bündnerromanischen. In der religiösen Sprache und jener der moralischen Unterweisung wird es zu einem Mahnwort: Hüte dich vor dem Rausch und dem Taumel des Genusses! Aber es bleibt auch ein Lock- und Suchtwort und umkreist als solches die Sehnsucht, vor Trunkenheit und Erfüllung geradezu in die Seligkeit einzugehen. In dieser schillernden Doppelgestalt steht das Wort in diesem Gedicht: Da ist der «volle Schmerz», der nach Betäubung und Benommenheit schreit. Da ist aber auch etwas dunkel Lockendes im Ich, das nach Taumel und Erfüllung verlangt. Wer sich nicht hineinbegibt in diesen Wirbel, wird nie eine Ahnung von der Glückseligkeit jenes Benommenseins haben, das im Klangrausch einer Musik über uns kommt. Ein Befreiunswort also, das Erlösung verspricht aus den Fesseln eines vom Glückstaumel verschonten Lebens.

Ein anderes ungewöhnliches Wort ist «fadima». Es ist die lokale Variante einer Vokabel, die eigentlich «padima» lautet.

Man kann die Stelle so übersetzen: «kehre bei mir ein, du berauschender Klang, und finde Ruhe bei mir». Man muss aber wissen, dass dieses Wort auf das Griechische «pathèma» zurückgeht, was nichts anderes heisst als Leiden. Deshalb müsste man eigentlich übersetzen: kehre ein bei mir und werde mit mir so wie ich bin: leidend. Es ist die Bitte um Anverwandlung ans eigene Ich, gerade weil dieses ein leidendes ist. Die Ambivalenz von Lust- und Leiderfahrung prägt dieses Gedicht bis in den Bedeutungskern der Wörter hinein.

Schliesslich das Wort «immaint». Schlägt man im grossen Wörterbuch der Bündnerromanen unter «immaint» nach, findet man eine Fülle von Einträgen: Es kann Sinn, Gemüt, Herz, Seele, Bewusstsein, Geist, Verstand, Gedächtnis und dergleichen mehr bedeuten. Etymologisch ist es das Lateinische «in mente» – das also, was man in Geist und Sinn hat. Je nach der Art, wie man dieses «immaint» verstehen will, kommt man zu unterschiedlichen Deutungen des Gedichts. Was ist der Wesenskern eines Menschen? Das, wofür sein Herz gerade schlägt? Was er in seinen Erinnerungen hat? Was das Bewusstsein im gegenwärtigen Augenblick prägt? Welchen Teil ihrer selbst haben die vernommenen Klänge in der Dichterin gestreift? – Wer dieses Gedicht hört, darf selbst entscheiden, was es sein könnte, das zum Schwingen kommt, wenn man bewegende Musik hört. Man darf auch darauf achten, welche Art der Berührung die Sprachmusik dieses Gedichts beim Hören auslöst. Denn das Gedicht bringt jenen offenen Echoraum zum Klingen, den jeder für sein ihm eigenes «in mente», für seinen eigenen Wahrnehmungskern halten darf.

Sterne entfachen: davon reden die Liebesgedichte der Luisa. Das ladinische Wort für entzünden, entfachen heisst «invüdar». Ein besonders schönes Wort, denn in ihm verbirgt sich «vita» – das Leben. Auch Gedichte, die uns berühren, beleben und verlebendigen etwas in uns. Sie fachen ein Feuer an. Das Feuer der Liebe, das Feuer der Sehnsucht, das Feuer des Verlangens. Es ist dieses Feuer, das uns das Bewusstsein verschafft, wirklich zu leben. So leuchten die das Lebensfeuer entfachenden Gedichte am Himmel unserer Erwartungen wie Sterne am nächtlichen Firmament.

[illegible] primavaira..

Il sulai ria
El tegni in sa buttatla
La naiv
La terra cumainza
A tour il flà.

I

La terra cumainza
A trar il flà

I vain prümavaira

Il sulai ria
El tegn'in sa bratscha
La naiv
La terra cumainza
A trar il flà.

Es wird Frühling

Die Sonne lacht
Hält Schnee
In ihren Armen
Die Erde beginnt
Zu atmen.

Tü hast invüdà
Tuottas stailas per
Mai
Meis tschêl arda
Nos tschêl arda

Perquai ch'eu nu sun
Buna da fuormar
Meis pled
Stoust spettar e
Stoust crajer e
Stoust sperar

Cur cha tü hast
Invüdà tuottas stailas per
Mai
Cur cha meis tschêl arda
Cur cha ma not es
Sclerida
Sun buna da fuormar
Meis pled
Per tai
Meis pled
In tai.

Du hast alle
Sterne in mir
Entfacht
Mein Himmel brennt
Unser Himmel brennt

Da ich mein Wort
Nicht bilden
Kann
Musst du warten und
Musst du glauben und
Musst du hoffen

Wenn du
Alle Sterne entfachst in
Mir
Wenn mein Himmel brennt
Wenn meine Nacht
Licht ist
Dann kann ich
Mein Wort bilden
Für dich
Mein Wort
In dir.

I sun passadas
Millieras d'nots
Mo eu m'algord
Dad üna saira
Ch'eu n'ha vis las
Stailas a tesser ün
Tschêl nouv
E lur scleridas
Han ingolà
Meis ögls

Tschert cha ün di
Daran meis ögls
Darcheu a mai

O füssast tü
In quel mumaint
Là
Be daspera
Schi lura vögl
At toccar man

Insembel chaminar
Vers il sulai da la
Daman.

Abertausend Nächte
Sind vergangen
Doch ich erinnere mich
An einen Abend
Als ich die Sterne
Einen neuen Himmel
Weben sah
Und ihr Leuchten
Stahl
Meine Augen

Sicher geben sie
Meine Augen
Mir eines Tages wieder

Wärst du bloss
In jenem Augenblick
Dort
Ganz nah
So will ich dir
Die Hand geben

Auf dem Weg
Hin zur Sonne
Unseres Morgens.

La not

Plan tieu sün peis scuzs
Est tü gnüda.
Ta naira culur
M'ha tuorblà
La vezzüda.

In traschendas e vias
Raivan sumbrivas.

O misteriusa bellezza
Tü'ns ninast in sön
Da quaidezza.
Imparzial ais teis suost,
Tuot ha'l abratschà.
Quai chi'ns renda varsià
Quai chi'ns renda beà.

Die Nacht

Sacht und barfüssig
Bist du gekommen.
Deine Schwärze
Hat mir
Den Blick getrübt.

In Gässchen und Strassen
Klettern Schatten.

Du rätselhafte Schöne
Wiegst uns in erquickenden
Schlaf.
Gross ist dein Hort
Umfasst alles.
Was uns bedrückt
Was uns beglückt.

Teis taler

Cun teis taler
Hast tü tessü per mai
Las indombrablas
Stailas
Chi tavellan
La lingua cha be no duos
Inclegiain.
Teis taler ha tessü
Ils razs da meis
Sulai
Ed uoss tessains insembel
Nossa vita cun stailas
Razs sulai.

Tias stailas sun
Meis muossavias.

Teis razs sulai
Charezzan mi'orma e
Meis corp.

Tessa'm sumbrivas
E razs d'sulai.

Tessa'm a mai
Sün teis taler

Perche eu vögl plaschair
A tai.

Dein Webstuhl

Ohne Zahl sind die
Sterne
Die du für mich gewoben hast
Auf deinem Webstuhl
Nur wir beide
Kennen
Ihre Sprache.
Dein Webstuhl
Wob
Meine Sonnenstrahlen
Nun weben wir gemeinsam
Unser Leben mit Sternen
Sonnenstrahlen.

Deine Sterne sind
Mein Weg.

Deine Sonnenstrahlen
Kosen mir Seele und
Leib.

Webe mir Schatten
Und Strahlen der Sonne.

Webe mich
Auf deinem Webstuhl

Denn dir will ich
Gefallen.

L'ajer nair da la not
Cun sa calm'ha travus
Tuot las chosas dalöntsch
Tuot las chosas dastrusch.

Qua s'alvainta ün sömmi,
Ün sömmi d'amur.
El inaivra meis esser
Cun sia savur.

Insembel respiran
Noss corps ün sper tschel.
Schnüdà dal misteri
Zoppantà suot ün vel.

Sün meis lefs saint la feivra
D'ün'amur arsaintada.
Amur sainza fuond
E mai saduollada.

Eu dod in charezzas
Da tai l'impromischiun
Mo quella da tgnair
Duman nun est bun.

Meis man brancla teis man
Cur chi vain la daman.
Vi da tai'm vögl rantar –
Eu nu vögl najantar

Aint il mar da tristezzas
Chi uondag'in bodezzas.

Die schwarze Nachtluft
Verschluckte in ihrer Ruhe
Alle Weite
Alle Nähe.

Da erhebt sich ein Traum
Der Traum der Liebe.
Er macht mich trunken
Mit seinem Duft.

Aneinander atmen
Unsere Körper.
Entblösst vom Geheimnis
Versteckt unter einem Schleier.

Auf den Lippen spür ich Fieber
Entflammter Liebe.
Unergründliche Liebe
Und niemals erfüllt.

In Liebkosungen hör ich
Dein Versprechen –
Es einzulösen
Wird morgen nicht Zeit sein.

Meine Hand umschliesst die deine
Im nahenden Morgen.
An dich will ich mich klammern –
Will nicht kentern

Im Meer der Trauer
Auf den Wellen des erwachenden Tags.

Cun quel bütsch

Tia bocca sün mia bocca
Ha semnà il röser.
E sias ragischs maglian
Vi da meis cour.

I d'eira utuon. Il tschêl immens
S-charpaiva, cun seis sulai,
Tuot il d'or da la vita
In culuonnas da splendur. –

La stà, sütta, es gnüda.
Il röser – tuot passà –
Ha drivi, cun tardezza, in meis ögls
Duos sbuorvs da dulur.

Mit jenem Kuss

Säte dein Mund auf meinem
Den Rosenstrauch.
Und seine Wurzeln zehren
An meinem Herzen.

Herbst. Die Himmelsweite
zerriss mit ihrer Sonne
All das Gold des Lebens
In strahlende Säulen. –

Der Sommer kam mit der Dürre.
Der Rosenstrauch öffnete – verspätet –
In meinen Augen
Zwei Knospen aus Schmerz.

Vers saira

Ils ultims razs
Dal sulai da
Quaista saira
N'ha clet per tai
Eu At dun
In teis mans
Ant chi vegna
La not.

Gegen Abend

Die letzten Strahlen
Dieser Abendsonne
Hab ich für dich
Gepflückt
Ich lege sie
In Deine Hände
Vor Anbruch
Der Nacht.

La not

La not ha disegnà
Fluors da glatsch
Sülla fnestra da mia stanza

Suot mias pivatellas
Resaint las conturas
Da las fluors

Eu tillas disegn
Sün ta fatscha.

Die Nacht

Die Nacht hat
Eisblumen
An mein Fenster gezeichnet

An meinen Fingerbeeren
Spür ich die Umrisse
Der Blumen

Ich zeichne sie
In dein Gesicht.

In pacs dis sun
Las sairas fraidas
Ed eu gnarà pro
Tai
At dand tuot
Quai ch'eu n'ha
Mias paschiuns
Sco'l di d'utuon
Sumgliaint'als fös
D'utuon chi
Ardan in la
Clerità vers il
Tschêl plü blau
Co blau
Ma cur Tü'm
Tegnast in Ta
Bratscha
Sun mas charezzas
Leivas sco
Battüdas d'ala
D'üna chüralla.

14.10.1970, Ramosch

In wenigen Tagen sind
Die Nächte kalt
Und ich komme zu
Dir
Dir alles zu geben
Was ich hab
Mein Sehren
Dem Herbsttag
Und den Feuern
Des Herbstes gleich
Die brennen
Im Licht
Hin zum blausten Blau
Des Himmels
Doch wenn du mich
Hältst
In deinen Armen
Ist mein Liebkosen
Ein sanfter
Flügelschlag
Von einem Schmetterling.

14.10.1970, Ramosch

Eu cugnuosch mias plajas
Chi sun fingià nattas
E listess am fan mal
Eu vuless invlidar
Cha tü est parti
Crajer cha duman
Creschan fluors.

Ich kenn meine Wunden
Sie sind schon Narben
Und tun doch weh
Ich will vergessen
Dass du gegangen bist
Glauben, dass morgen
Blumen wachsen.

~~[illegible] co la glüm d'üna chandaila~~

~~Be~~ Tant co la glüm
D'üna chandaila
Vuless tgnair in meis mans
~~Am salvar~~ [illegible] la [illegible]
~~Da quista suldüm~~
~~Chi paisa~~ gio'l fuond
Da meis cour
E's radubla [illegible]
Cun mincha pass [illegible] per pass
~~Ch'eu dun ...~~

Utschels da fö
Traversan il tschêl .

II

Utschels da fö
Traversan il tschêl

Eu stend oura
Ma bratscha
Vers il mar da stailas

Ün sömmi
M'ha fat crajer
Ch'eu sun.

Ich breite
Meine Arme aus
Hin zum Sternenmeer

Ein Traum
Liess mich glauben
Dass ich bin.

Aint in las muntognas
Sun naschüda
Eu saint la naiv
In mi'orma
Aint in mi'orma
Es il vent
Chi fa inglatschar
Las naivadas
Il sulai chi arda
E transmüda in sbrinzlas
Da fö.

In den Bergen
Kam ich zur Welt
Ich spüre Schnee
In meiner Seele
Tief in meiner Seele
Ist Wind
Er lässt den grossen Schnee
Erstarren
Die brennende Sonne
Schlägt feurige
Funken.

I

Quist ais l'utuon
Tuot oter
Co quels dad üna jà

E dapertuot clerezza

E mincha di es plain
D'impromischiuns

O ma stagiun
Ch'eu mour e
Nasch
In tai

In tia glüm
Am laschast parturir
Meis prüm uffant

II

Ant la naschentscha da meis infant

Quist ais l'utuon
Sco quai chi's vezza
Be d'inrar
Tant cler
Cun fös chi ardan
Vers il tschêl blau
Quai sun ils fös
Da mi'offerta
Sün Teis uter
Utuon
In Tia glüm
Das-ch parturir
Meis prüm uffant

I

Dies ist der Herbst
Ganz anders
Als die vergangenen

Und Helle überall

Und jeder Tag voll
Von Verheissungen

Meine Jahreszeit
In der ich
Sterbe
Und lebe

In deinem Licht
Lässt du mich
Mein erstes Kind gebären

II

Vor der Geburt meines Kindes

Dies ist der Herbst
Wie man ihn
Selten sieht
So klar
Mit Feuern, die brennen
Zum blauen Himmel hin
Das sind die Feuer
Meines Opfers
Auf Deinem Altar
Herbst
In Deinem Licht
Darf ich mein
Erstes Kind gebären

Als 25. nov. 64

Per mai es stat quel di
L'ultim da mi'utuon
Tant glüminusa
Preferida
Tuot oter d'eir'il tschêl
D'ün blau chafuol
Masdà da desideris e dumperar
Dumandas sainza gnir respusas
E'ls orizonts, lingias
Dals spis da las
Muntagnas albas
Traivan cunfins dal muond al tschêl
Süls rövens be sur
Ils chomps cun
Terra naira
Ardan frus-chers in
Flommas cotschnas
Quai sun meis fös
Ch'eu svess n'ha impizzà
Cun meis immaint
Offertas da meis
Mans
Sün Teis uter
Giavüschs dal fuond
Dal cour
Cha Tü am sajast sten dastrusch.

E millieras stailas
Hast impizzà vi da
Meis tschêl

E cun lur fraida
Clerità
Uffant nu m'han savü dar

Den 25. Nov. 64

Für mich war jener Tag
Der letzte meines Herbstes
So lichterfüllt
Vor allen andern lieb
So anders war der Himmel
In seinem tiefen Blau
Verwoben mit Wünschen und
Fragen ohne Antwort
Und die Horizonte
Linien der weissen
Bergrücken
Trennten Himmel und Erde
An den Hängen
Über Felder
Schwarzer Erde
Brennen Büsche
In roten Flammen
Es sind meine Feuer
Ich selbst entfachte sie
Mit meinem Sinn
Gaben meiner
Hände
Auf Deinem Altar
Wünsche aus dem Grund
Des Herzens
Dass Du mir nahe seist.

Und abertausend Sterne
Zündetest Du an
In meinem Himmel

Mit ihrem kalten
Licht
Konnten sie kein Kind mir geben

Nun han savü süantar
Meis frunt cuernà cun las
Süuors da dulurs

O buntadaivel
Rai da tuot las eternitats

Sün meis clamar agüd

M'hast dat udientscha.

Und konnten mir nicht trocknen
Die Stirn bedeckt vom
Schweiss der Schmerzen

Gütiger
König aller Zeit

Auf meinen Ruf nach Hilfe

Wurd ich von Dir erhört.

Eu am sdruagl surpraisa
Da la naiv frais-cha
Chi fa tremblar la chalur
Da meis corp
E stupefar davant tant'
Innocenza

Pürezza
Da prüma naiv
Crodada tuot
Lam giò dals tschêls
Tü fast svanir ils
Stizis da quista
Terra e la sfuondrast
Sainza fatscha e sainza
Vusch

E pac davo, la
Prüma naiv es
Gnüda

Plan sieu cuernà
Ha'l'ils frus-chers
E stüz meis fös
Intschais da mi'offerta

Tras la fanestra
Vez a crodar
Naivada sün naivada
Lomminas sco charezzas

Tuot ais impli
D'üna quaidezza
E d'üna pasch

In mia bratscha
Tegn meis nouvnaschü.

Ich wache auf erstaunt
Vom neuen Schnee
Der die Glut
Meines Leibs beben lässt
Verwundert ob solcher
Unschuld

Reinheit
Ersten Schnees
Sacht
Von den Himmeln gefallen
Löscht Du die Spuren
Dieser Erde
Versenkst sie
Ohne Gesicht und ohne
Stimme

Und bald darauf
Ist der erste Schnee
Gekommen

Sanft deckt er
Die Büsche
Löscht meine Feuer
Weihrauch meines Opfers

Durch das Fenster
Sehe ich fallen
Flocke auf Flocke
Weiches Kosen

Alles ist erfüllt
Von beglückender Ruhe
Und Frieden

In meinem Arm
Halt ich mein Neugeborenes.

I sun passadas nots e nots
Mo eu m'algord be d'üna saira
Cha stailas eu n'ha vis sco guots
Per nouva vita fond stadaira

Aint in lur fraida clerità
N'ha eu scrit sü mias algordanzas
Ed uoss'il tschêl es inflommà
D'increschantüm e nouvas spranzas.

Nacht um Nacht verging
Ich aber entsinne mich des einen Abends nur
Als ich Sterne wie Tropfen sah
Neues Leben wägend

In ihrem kalten Licht
Schrieb ich Erinnerungen auf
Und nun steht der Himmel in Flammen
Vom Sehnen und vom neuen Hoffen.

Questa not
Sun crodadas giò
Sco föglias d'utuon
Tuot las stailas
Dal firmamaint
In ma bratscha.
Vent da daman
Ingio tillas
Hast scurrantadas?

In dieser Nacht
Fielen
Herbstblättern gleich
Alle Sterne
Des Firmaments
In meine Arme.
Wohin hast du sie
Verwirbelt
Morgenwind?

Vo tuots eschat passats
Sainza laschar fastizis
Vo d'eirat qua annorums
Ant co eu
Vo eschat uossa
Aint in mai
Meis padernuors
Dit am vo
Chi ch'eu sun.

Alle seid ihr vergangen
Spurlos
Jahre und Jahre vor mir
Wart ihr hier
Nun seid ihr
In mir
Meine Vorväter
Sagt ihr mir
Wer ich bin.

Be tant
Co la glüm
D'üna chandaila
Vuless tgnair
In meis mans.
Am salvar
Da quaista sulezza
Chi paisa giò'l fuond
Da meis cour.
E's radubla cun mincha
Pass ch'eu dun.
Tuots passan
Sper mai via.
Vo giaivat
Da's sieuer
Nu sun buna.

Utschels da fö
Traversan il tschêl.

Nur grad
Das Licht
Einer Kerze
Möchte ich
In meinen Händen halten.
Mich retten
Aus dieser Verlassenheit
Die tief in meinem Herzen
Lastet.
Und sich verdoppelt
Mit jedem meiner Schritte.
Alle gehen
An mir vorüber.
Ihr geht
Euch zu folgen
Vermag ich nicht.

Feuervögel
Queren den Himmel.

~~Frisa~~ (nudè)

En spert chi'l tschierchel
sco las stagiuns
as serra.
Meis cour es ~~avert~~ nüd
e mâglia nu po impedir
cha meis badugn
cresla laint brütta sia flur
e milli utschels
chantan adüna chantan
süm sias manzinas
En sum ~~meis cour~~ es il champ
e mas spias
ondagian
il sulai arda la
sera e
plain sen madürescha'l
~~ma~~ tinpiå dovainta
meis ögl plü cuort
ma ~~e~~ las notts plü stailidas
e meis ~~las~~ ~~invasiantis m~~
olesfoleriis plü
chatmol — ~~en saura~~

III

Eu spet cha'l tschierchel
Da las stagiuns as serra

Eu sun la randolina
D'ünsacura
Chi s'alvaint'ot
Trand be plan
Adüna plü dalöntsch
Seis tschierchels
E's perda illa
Lingia da l'orizont

Ich bin die Schwalbe
Von einst
Sie schwingt sich in die Höhe
Zieht langsam noch
Ihre Kreise
Immer weiter
Und verliert sich im
Faden des Horizonts

Cumgià

Tü est parti
Vers ils orizonts
Chi s'incruschan
Vers las stagiuns
Chi's dan il man
Tü est parti
Sainza mai

Mo listess
Est plü dastrusch a mai
Co'l sulai
Chi s-choda meis corp
Co la s-chürdüm da la not
Intuorn mai.

Abschied

Du gingst
Hin zu den Horizonten
Die sich kreuzen
Hin zu den Jahreszeiten
Hand in Hand
Du gingst
Ohne mich

Und doch
Bist du mir näher
Als die Sonne
Die meinen Körper wärmt
Als das Dunkel der Nacht
Das mich umfasst.

Quist es l'utuon
Sco quai chi's vezza be d'inrar
Lingias tendüdas dal
Tschêl
Plain svouls dad
Utschels chi partan
Mia randulina naira
Tira seis ultims rudels
Süls mürs da ma
Chasa
Alba dal sulai da
Settember.

Dies ist der Herbst
Wie man ihn selten sieht
Mit den gespannten
Himmelslinien
Erfüllt mit Vögeln
Zugbereit
Meine schwarze Schwalbe
Zieht ihre letzten Kreise
An meiner
Hausmauer
Weiss im
Septemberlicht.

L’accord

Eu saint suns d’ün accord,
Cregns da vita
Dalöntsch da la mort.

Da vus inaivrar
Less ma plaina dulur.
O fadima pro mai
Tü sublim accord.

Profuond at respir –
Dandet est svantà
Meis immaint da tai
Gnit apaina strivlà.

Ma l’algord es plü ferm
E quel cling’in etern.

Der Klang

Ich höre Klänge
Triefend von Leben
Fern vom Tod.

Von euch berauscht sein
will mein ganzer Schmerz.
Werd ruhig bei mir
Du sanfter Klang.

Tief atme ich dich ein –
Plötzlich bist du fort
Mein Sein von dir
Kaum berührt.

Doch Erinnern ist stärker
Und klingt für immer.

I

In vailas graziusas
In charrozzas albas
Da tschiera
Piglia
Questa daman
La stà
Cumgià
Ella passa
Sur il mar nair
Da petschs
Ils prüms
Daints fraids
Da l'utuon
Sun qua.

II

Vailas graziusas
Charrozzas albas
Da tschiera
Traversan
Il mar nair
Da petschs
Laint es la stà
Chi parta
Questa duman
Ils prüms daints fraids
Da l'utuon
Sun qua.

I

In feinen Schleiern
In weissen Nebel-
Kutschen
Verabschiedet sich
An diesem Morgen
Der Sommer
Entschwebt
Über das schwarze
Meer
Der Tannen
Die ersten
Kalten
Herbstfinger
Sind da.

II

Feine Schleier
Weisse Nebel-
Kutschen
Durchqueren
Das schwarze
Tannenmeer
Bergen den Sommer
Der diesen Morgen
Fort geht
Die ersten kalten
Herbstfinger
Sind da.

Eu danöv vegn nada minch'utuon

Minch'on cur tuorna l'utuon
Nasch eu danöv

Cur ch'eu poss leger
In la clerità da meis mais
Settember

Dir adieu a ma tristezza
Chi parta
Culs svouls d'utschels blaus
Strivlond la lingia alba dal tschêl

Tschiera sur l'En
Vailas graziusas
Chi sglischan sur il mar gelg
Sours albas
Chi partan
Sainza spranza da tuornar

Neu werd ich jeden Herbst geboren

Ein jedes Jahr im Herbst
Werde ich neu geboren

Wenn ich zu lesen vermag
Im Licht meines Monats
September

Lebwohl sagen meiner Trauer
Die geht
Mit dem Flug blauer Vögel
Streifend das Himmelsweiss

Nebel überm Inn
Feine Schleier
Ziehen über das gelbe Meer
Weisse Schwestern
Sie gehen
Ohne Hoffnung auf Rückkehr

Duman nun eschan
Plü paraintas
Eu sarà tü.

Sur mai ün tschêl
Immens
Chi tascha.
Il chant dad ün utschè
Am sdruaglia.
Eu vez co ch'el
Traversa il tschêl
Sainza laschar fastizis.
Uschè giarà eir eu.
E quai chi resta inavo
Ingün nu vezza.
Mo tuot resta.

La saira cur cha'ls
Uffants s'giovaintan
Intuorn las chantunadas
E cloman: cuc
Es lur rebomb
Meis clom
Dad üna jada.
O la dumengia
Cur ümels paurs
E pauras
Stan in rischla
E chantan cun
Vuschs racas
Ün coral
Schi suot ils vouts
Da la baselgia da
San Flurin
Aint in alch zoppel
Es restada ma
Chanzun
Da quella jada.

Morgen sind wir
Nicht mehr Verwandte.
Ich werde du sein.

Über mir ein Himmel
Weit
Schweigend.
Das Lied eines Vogels
Weckt mich.
Ich sehe wie er
Den Himmel quert
Ohne Spur.
So auch ich.
Und was bleibt
Sieht niemand.
Und doch bleibt alles.

Am Abend, wenn
Kinder sich im Spiel verlieren
An den Hausecken
Und Hallo rufen
Ist ihr Echo
Mein Ruf
Von damals.
Oder am Sonntag
Wenn einfache Bauern
Und Bäuerinnen
In Reihen sitzend
Mit heiserer Stimme
Einen Choral
Singen
Dann bleibt
Unter dem Gewölbe
Der Kirche San Flurin
Verborgen
Irgendwo
Mein Lied
Aus jener Zeit.

Mia poesia d’utuon

Cur cha tü vainst
Pro mai
Schi nu’m ris-ch plü
Da’m schmuantar.
Eu poz meis cheu
Sül crap
E tras meis mans
Cribla la terra brüna
Apaina s-chodada dal
Sulai d’utuon.
Nu’m bandunar mumaint!
Eir scha tü ardast cun
Flommas da dulur
In tuot meis corp.
Tias frizzas sun chafuollas
In mai.

Mein Herbstgedicht

Wenn du zu mir
Kommst
Wag ich kaum
Mich zu bewegen.
Den Kopf stütze ich
Auf den Stein
Und durch meine Hand
Rinnt braune Erde
Kaum erwärmt von der
Herbstsonne.
Verlass mich nicht, Augenblick!
Auch wenn du mit
Schmerzensflammen
Meinen ganzen Leib entfachst.
Deine Pfeile stecken tief
In mir.

I

E cur ch'eu sarà morta
Chi badarà ch'eu nu sun plü?
Forsa il sulai
Perche eu nu clej plü
Seis razs
Forsa il vent
Sch'eu nu til quint plü
Mia istorgia

Quels m'han acceptada
Quella ch'eu sun.

II

E cur cha sun partida
Chi bada cha nu sun plü
Forsa'l sulai
Pervi cha nu cleg plü
Seis razs
O forsa'l vent
Cha nu til quint plü
Mi'istorgia
Be quels chi m'han incletta
Be quels sulai e vent.

I

Und wenn ich tot bin
Wer wird merken, dass ich nicht mehr bin?
Vielleicht die Sonne
Weil ich ihre Strahlen
Nicht mehr pflücke
Vielleicht der Wind
Wenn ich ihm meine Geschichte
Nicht mehr erzähle

Die haben mich genommen
Wie ich bin.

II

Und wenn ich fort sein werde
Wer wird merken, dass ich nicht mehr bin
Vielleicht die Sonne
Da ich ihre Strahlen
Nicht mehr pflücke
Oder der Wind
Dem ich meine Geschichte
Nicht mehr erzähle
Nur jene, die mich verstanden
Nur Sonne und Wind.

Eu spet cha'l tschierchel
Da las stagiuns as serra
Meis cour es nüd
E nöglia nu po impedir
Cha meis baduogn
Crescha laint, bütta sia flur
E milli utschels
Chantan ad ün chantar
Sün sias manzinas
Eu sun il chomp
E mas spias uondagian
Il sulai arda lasura e
Plan sieu madürescha'l
Fingià dvainta
Meis di plü cuort
Ma las nots plü stailidas
E meis desideri es plü
Chafuol –

Lommas
Naivadas
Stüdan meis
Cour chi arda –
Eu spet sün quel
Di cha'l tschierchel
Da mias stagiuns
As serra.

Ich warte, dass der Kreis
Der Jahreszeiten sich schliesst
Mein Herz ist bloss
Und nichts kann meiner Birke
Wehren
Dass hinein sie wächst, ihre Blüte treibt
Und tausend Vögel
Singen und singen
In ihren Zweigen
Ich bin das Feld
Und meine Ähren wogen
Die Sonne brennt darauf und
Lässt sie sachte reifen
Schon wird
Mein Tag kürzer
Die Nächte aber bestirnter
Mein Sehnen
Tiefer –

Weicher grosser
Schnee
Löscht mein Herz
Es brennt –
Ich erwarte den Tag
An dem der Kreis
Meiner Jahreszeiten
Sich schliesst.

Ün di da prümavaira

Eu sun dasper ün chomp
E la savur da terra
Am fa star salda.
Ed uossa cribla
Tras meis man
Ün puogn plain terra.
L'es choda
Sco il sang
Chi cul' in mas avainas.
La terra naira
In meis mans albs.
Che sentimaint
S'impatrunischa
In quaist mumaint
Da mai
E fa tremblar
Meis mans
Fa batter plü dad ot
Meis cour
E che forza ha si'
Odur ed am
Sturnainta.
O terra misteriusa
Ch'eu tegn in
Meis mans.
Eu vez meis
Mans
Meis bratschs.
Eu palp meis frunt
Meis ögls meis lefs
E pens: ün di sarà eu
Terra.
Terra hoz est tü mia
Sour.

Ein Frühlingstag

Ich steh an einem Feld
Und der Geruch der Erde
Lässt mich innehalten.
Nun rinnt
Durch meine Finger
Eine Handvoll Erde.
Warm wie
Das Blut
In meinen Adern.
Schwarze Erde
In meinen weissen Händen.
Was für ein Gefühl
Erfüllt
In diesem Augenblick
Mich selbst
Lässt meine Hand
Erzittern
Mein Herz
Höher schlagen
Und welche Kraft hat
Ihr Geruch, der mich
Betäubt.
Rätselhafte Erde
Halt ich in
Meinen Händen.
Ich sehe meine
Hände
Meine Arme.
Ich betaste meine Stirn
Meine Augen meine Lippen
Und denk: einst werde ich
Erde sein.
Erde, heute bist du meine
Schwester.

Utuon ma stagiun preferida

Lia cun tschierchels d'or
Meis temps e mas algordanzas
Meis her e meis hoz

Impla meis ögls cun ta glüm
Ch'eu vezza tras marvas s-chürdüms
Da l'unviern
El spetta fingià
Davo'ls orizonts.

Herbst, meine liebste Zeit

Füge mit goldenen Reifen
Meine Zeit und mein Erinnern
Mein Gestern und mein Heute

Erfüll meine Augen mit deinem Licht
Auf dass ich sehe durch das erstarrte Dunkel
Des Winters
Er lauert schon
Hinter den Horizonten.

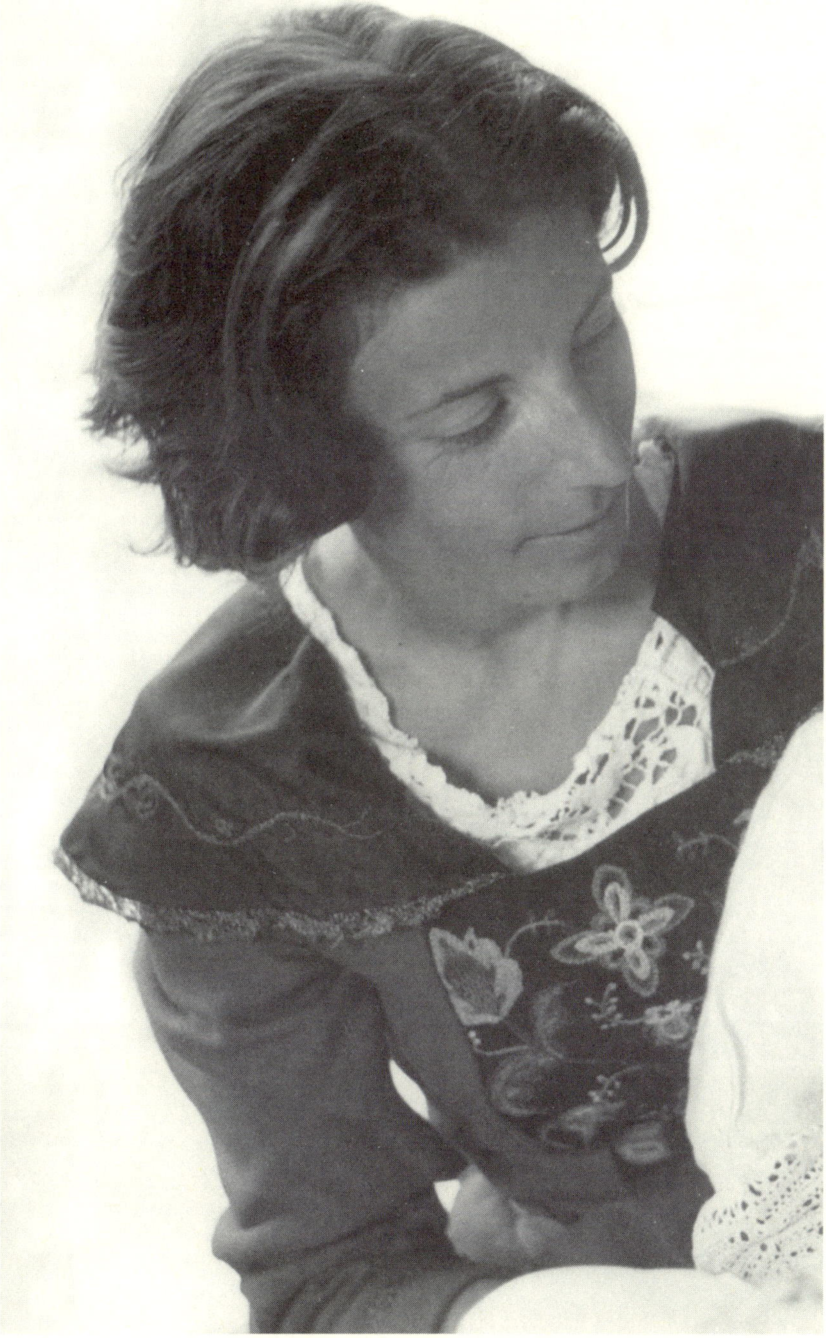

Mevina Puorger

‹Ich höre Klänge – Triefend von Leben› Gedanken zum lyrischen Nachlass von Luisa Famos

Stolz hielt die Dichterin das Typoskript ihres zweiten Gedichtbands in der Hand. Noch im selben Jahr würde er erscheinen. Dies war wenige Wochen vor ihrem Tod. Luisa Famos wusste das, grenzte den Tod nicht aus im Gespräch, beeindruckte mit ihrer Kraft, ihrer Ruhe und Grösse. Es war im Frühjahr 1974, als ich Luisa Famos in ihrem grossväterlichen Haus in Ramosch in der altehrwürdigen holzgetäferten Stube begegnete. Gemeinsam wollten wir die Geschichte der Dorfgelehrten- und Lehrersfamilie Bardola aus dem Nachbardorf Vnà aufschreiben und schmiedeten Pläne, in der Gewissheit, dass sie nie wahr würden; es sollte unsere letzte Begegnung sein.

Heute hängt eines der berühmtesten Fotos der Luisa Famos in der Nische dieser Stube, in der sie Ende Juni 1974 starb. Die liebenswerte, schöne und vielumworbene Frau, die berühmteste Dichterin des Engadins wurde sofort zu einer Ikone.

Der Mythos der jung verstorbenen und viel versprechenden Frauen aus Ramosch hatte in der Figur der Grossmutter der Dichterin seinen Anfang: mit ‹nona› (Grossmutter) Mevy, die im Hotel Kulm ihres Grossvaters Johannes Badrutt in St. Moritz wie eine Prinzessin aufgewachsen war und nach ihrer Heirat im Unterengadiner Bauerndorf Ramosch das Leben einer wohltätigen ‹signura› (Dame) lebte. Mit siebenundzwanzig Jahren nur starb sie, hinterliess einen vielbeschäftigten Witwer, den Anwalt und späteren National- und Regierungsrat Jon Vonmoos, mit ihren drei kleinen Kindern, darunter ihre Kleinste, die etwa zweijährige Uorschla, Luisa Famos' Mutter. Das Bild der jungen Mutter mit den drei Kindern hängt heute noch in mancher Stube von Ramosch.

Die beiden Frauen Mevy Vonmoos-Tognoni und Luisa Pünter-Famos gingen in die Geschichten jener ein, die sie kannten: Wegen ihrer Eigenständigkeit im Denken und im Sein, wegen ihrer Kreativität und nicht zuletzt auch wegen ihrer Schönheit. So war ‹nona› Mevy zeit ihres Lebens umgeben von der Aura der noblen St. Moritzer Hotelwelt und Luisa Famos schon zu Lebzeit ein Idol für die Verbindung von Kreativität mit den traditionellen Aufgaben der Frau.

An einem Sommernachmittag, beinahe zwanzig Jahre nach dem Tod der Dichterin, sitze ich mit ihrem Mann Jürg Pünter in eben jener ‹stüva dal nazionalrat› (Nationalratsstube) in Ramosch: Auf dem Tisch lag der mir zur Verfügung gestellte literarische Nachlass. Ich war eben mit meiner Familie aus den USA zurückgekehrt, wo wir zwei Jahre aus beruflichen Gründen meines Mannes gelebt hatten. In jener Zeit hatte ich mich intensiver mit der Literatur von Frauen beschäftigt und mir vorgenommen, eine Arbeit über die Gedichte von Luisa Famos zu verfassen. Ihr schmales Gesamtwerk – die beiden Einzelpublikationen *Mumaints* und *Inscunters* – hatte mich im Handgepäck von Zürich nach Washington begleitet; diese Gedichte waren mir in der Neuen Welt geistige Wegzehrung und eine Verbindung zum vertrauten Rumantsch. Wieder zurück in der Schweiz, wollte ich nun – nachdem Jürg Pünter persönliche Schriften seiner Frau ausgesondert hatte – Werke aus dem literarischen Nachlass der Luisa Famos aufarbeiten, bestehend aus einem Konvolut von etwa hundert losen Blättern. Ein Teil liegt in Typoskriptform vor, der grössere Teil besteht aus Manuskripten. Das Fragment einer Erzählung und eine halbe Seite tagebuchähnlicher Notizen sind die einzige Prosa im Nachlass, auf allen andern Blättern stehen Gedichte.

Zum literarischen Nachlass

Nch der ersten Sichtung liess sich das Konvolut in verschiedene Gruppen, Gelegenheitsgedichte, Abschriften und Varianten bereits publizierter Gedichte, eine Anzahl unpublizierter Gedichte und Gedichtfragmente einteilen. Der gesamte literarische Nachlass wurde im Rahmen einer Dissertation aufgearbeitet, transkribiert, übersetzt und in den Kontext des publizierten Werks eingeordnet. Für den vorliegenden Band nun wurde ein Grossteil der unveröffentlichter Gedichte ausgewählt. Die Gelegenheitsgedichte und die Prosa sind nicht aufgenommen.

Das lyrische Nachlasskonvolut besteht zum Grossteil aus mehrfach gefalteten, losen Blättern. Bis auf zwei Ausnahmen keine Daten, keine Ortsangaben, keine Hinweise auf die Enstehungsgeschichte: die Zeit fehlt und ist doch als Ganzes da.

Einige Texte scheinen lektoriert zu sein, sind sie doch am Textrand mit Änderungsvorschlägen von fremder Hand versehen. Es ist nicht mit Sicherheit festzustellen, wer die Gedichte lektorierte, doch ist die fremde Handschrift immer dieselbe.

Ein Vergleich der Manuskripte und überarbeiteten Typoskripte lässt verschiedene editorische Grundsätze der Dichterin vermuten.

In den publizierten Gedichten sind Titel und Zeilenanfänge gross geschrieben. Die Interpunktion beschränkt sich auf einen Schlusspunkt am Gedichtende. In den Gedichten aus dem Nachlass ist dieses Prinzip teilweise ersichtlich. Zwei Gedichten hat die Dichterin einen Titel in Majuskeln vorangestellt. Waren diese etwa für die nächste Publikation vorgesehen?

Die Zeilen beginnen im Nachlass nicht konsequent mit Majuskeln. Ein Teil, vor allem der langen Gedichte, scheint satzartig gegliedert zu sein. Auf die Interpunktion verzichtet Luisa Famos entweder ganz, die einzelnen Glieder werden jeweils mit Zeilengrossbeginn markiert, oder sie gestaltet die einzelnen Abschnitte satzartig – mit Majuskel am Beginn der Zeile und Punkt am Schluss der Sequenz. Es kann angenommen werden, dass die Dichterin schrittweise auf die Interpunktion verzichtet hat und ihren Texten mit den Majuskeln am Zeilenbeginn ein eigenes Gepräge gab. Ihre publizierten Texte sind – im Gegensatz zu jenen aus dem Nachlass – häufig in Strophen unterteilt. Erfolgte die endültige Textgliederung von Luisa Famos in einem weiteren Arbeitsgang und bildeten ihre Texte in einer ersten Phase eine einzige lange prosaartig gegliederte Strophe?

Ich habe in dieser Ausgabe alle von mir vermuteten Intentionen der Dichterin unverändert stehen gelassen und lediglich in eindeutigen Fällen orthographischer Abweichungen diese korrigiert, wie in den Anmerkungen vermerkt. In diesem Sinn wurden die Texte auch, soweit wie möglich, textnah übersetzt. Vergleiche mit Übersetzungen der Autorin selbst sind uns für diesen Entscheid eine weitere Bestätigung.

Die Gedichte aus dem Nachlass der Luisa Famos lagen bei meiner ersten Sichtung ungeordnet in einer schmucken Metalldose. Ich habe die Auswahl für den vorliegenden Band in drei thematische Zyklen – jene der Lebensphasen Werden, Sein und Vergehen – eingeteilt und mich dabei auf die Segmentierung der Einzelausgaben Mumaints *und* Inscunters *gestützt, welche in* Poesias *(Arche, 1995) übernommen wurde.*

Luisa Famos schrieb ihre Gedichte in einer Zeit des sprachlichen Umbruchs. Die Generation, die in den fünfziger Jahren Ladin – das Rätoromanisch des Engadins – schrieb, löste sich allmählich von einer veralteten Rechtschreibung und passte die Schrift ihrer Zeit an. Veraltetes ‹quaist› (dieses) und ‹ais› (ist) wurden von ‹quist› und ‹es› abgelöst; der Einfluss der Nasalen auf vorangehendes -a hin zu der Aussprache -o, wie in ‹an› > ‹on› (Jahr) setzte sich nun auch im Schriftbild durch. In den Gedichten von Luisa Famos finden wir, da die Autorin in dieser Umbruchszeit der Rechtschreibung des Valladers – dem Idiom des Unterengadins – schrieb, zum Teil ältere und neuere Schriftweisen nebeneinander.

Autoren wie Peider Lansel und Chasper Po, die für ihre Gedichte entgegen den offiziellen Richtlinien zum Teil die Schreibweise ihres Dorfes benützten, könnten unsere Autorin beeinflusst haben, sich in ihrer Lyrik ebenfalls ganz natürlich der Phonetik ihres Dorfdialekts und Regionalismen zu bedienen.

Die Sprache von Luisa Famos ist in ihrer Art einmalig. Sie ist der erlebten und gesprochenen nahe und wird ergänzt vom Stil und Wortschatz der Kirchensprache, im Besonderen der Bibelsprache des Kirchenliedes. Der Pfarrherr und Erzähler aus Ramosch – der Jeremias Gotthelf des Engadins – Schimun Vonmoos war mit seinem Werk und seiner Lebensweise prägend auch für seine Grossnichte Luisa. Luisa Famos war ein religiöser Mensch, die Sprache der Bibel, die Texte der Kirchenlieder haben sie durch ihr ganzes Leben begleitet und bildeten so wohl einen Ort für ihre religöse Metaphorik: In den Gedichten des Abschieds begegnen wir Feuervögeln am Himmel; in den Gedichten des Entstehens, der Geburt, wird im Vergleich mit dem Feuerbusch und dem Altar wie im direkten Zwiegespräch mit Gott beschrieben.

Auch in den experimentelleren und längeren Texten bleibt die Sprache der Luisa Famos eindeutig und direkt. Der Verzicht auf jegliche Ausschmückung, die einfache und klare Linie im Stil der Dichterin, die Arte Povera, sie muss auch in der Zielsprache Deutsch erklärtes Ziel sein.

Luisa Famos hat während ihrer gesamten Schaffensperiode an wenigen grossen Themen gearbeitet.

Der Vergleich von ähnlichen Gedichten, das Nebeneinandersetzen von Gedichtvarianten zeigt uns, wie genau die Dichterin an ihren Motiven arbeitete. Wir möchten dieses Moment auch einem grösseren Leserkreis ermöglichen und haben deshalb ein paar Variantenpaare in diese Ausgabe aufgenommen.

Luisa Famos hat sich in einer intensiven Form mit ihrem Heimatort Ramosch identifiziert. Diese Identifikation spiegelt sich auch im Sprachgebrauch.

Ihre Sprache ist eine des Alltags, sie entfernt sich nur wenig von der gesprochenen Form ihres Dorfs und scheut sich auch nicht, gewisse Worte in phonetischer Art zu schreiben.

Regionalismen haben wir selbstverständlich stehen lassen; wenn hingegen die Schreibweise der Autorin mit orthographischen Ungereimtheiten zusammenfällt, haben wir, wo der Klang der Gedichte nicht verändert wird, die Orthographie einer standardisierten Form angepasst und in den Anmerkungen jeweils vermerkt.

Die Gedichte von Luisa Famos sind Gedichte der Leidenschaft, des Leidens, Gedichte der Liebe, Gedichte des Vergehens.

Die Metaphorik für die Darstellung der beiden grossen Mysterien ist schlussendlich dieselbe. Ihre Fragen zum Sein finden Ausdruck im Beschreiben der Jahreszeiten, allen voran des Herbsts, des Abends, der Nacht, des Himmels und des Feuers.

Das lyrische Du kann in den Gedichten der Liebe als ein geliebter Mensch gelesen werden, wird zur Konfiguration des Todes in jenen des Lebensabschieds: ‹Terra hoz est tü mia/ Sour.› (‹Erde, heute bist du meine/Schwester›). Und das Ich sieht sich im selben Text Erde werden: ‹E pens: ün di sarà eu/Terra.› (‹Und denk: einst werde ich/Erde sein.›) Der Lebenskreis schliesst sich; der Mensch wird wieder zu Erde, geht zurück zum Ursprung: ‹Ich werde du sein.› Ganz klar und unsentimental werden die letzten Dinge in ihrer Natürlichkeit beschrieben; und so klar und einfach ist die Verbindung von Ich und Du auch in den erotischen Gedichten. Wenn der brennende Himmel des Ichs zur Helle der Nacht führt, dann vermag sich das Wort vom Ich mit dem Du zu verschmelzen: ‹Cur cha meis tschêl arda/Cur cha ma not es/Sclerida/Suna buna da fuormar/Meis pled/Per tai/Meis pled/In tai.› (‹Wenn mein Himmel brennt/Wenn meine Nacht/Licht ist/Dann kann ich/Mein Wort bilden/Für dich/Mein Wort/In dir.›) Und wenn Schnee das brennende Herz löscht, dann wartet das Ich auf den Tag, an dem sich der Kreis seiner Zeiten schliesst. Wiederum sind es dieselben Bilder, die das Sein und das Vergehen bezeichnen.

Die Gedichte von Luisa Famos sind Gedichte des Abschieds, Abschied vom geliebten Du in den Liebesgedichten, Abschied vom Leben in den Gedichten des Todes.

Der Vogel, die Schwalbe, der Feuervogel, der Sommervogel tragen die Wünsche, bewahren und behüten für uns das Credo in ihrem Lied, dem Gedicht, dem Carmen: ‹Il chant dad ün utschè/Am sdruaglia.› (‹Das Lied eines Vogels/Weckt mich›), sagt Luisa Famos; der Vogel durchquert den Himmel, ohne Spuren zu hinterlassen, so wie auch das Ich gehen wird. Und trotzdem wird alles bleiben, wird eine Spur zu finden sein: im Lied, es ist versteckt zwischen den Steinen der Kirchenmauer von Sonch Flurin.

Der Vogel, die Nachtigall als Botschafterin des poetischen Erbes, die schwarze Schwalbe als Alter Ego für das scheidende Ich, dessen Haus ein letztes Mal umkreist wird: ‹Mia randulina naira/Tira seis ultims rudels/Süls mürs da ma/Chasa/Alba dal sulai da/Settember.› (‹Meine schwarze Schwalbe/Zieht ihre letzten Kreise/An meiner/Hausmauer/Weiss im/Septemberlicht.›)

Vergleicht man die von der Dichterin publizierten und zur Publikation vorbereiteten Gedichte mit jenen des Nachlasses, fällt einmal ihre unterschiedliche Länge auf. Feilte die Dichterin an ihren Texten so lange, bis sie knapp und hermetischer waren, um sie einem breiteren Publikum zu präsentieren? Strebte sie damit eine sicherere, eine weniger verletzbare Form an? Die längeren Texte sind expliziter, offener, expressionistischer und daher wohl auch persönlicher und intimer. Denken wir beispielsweise an die Gedichte, in denen die Geburt thematisiert wird. Der Dialog des lyrischen Ichs mit Gott, das Flehen und Hadern, Leiden und Erlösung, treten in dieser Intensität fast ausschliesslich im Thema der werdenden Mutter auf: ‹O buntadaivel/Rai da tuot las eternitats//Sün meis clamar agüd//M'hast dat udientscha.› (‹Gütiger/König aller Zeit//Auf meinen Ruf nach Hilfe//Wurd ich von Dir erhört.›) In diesen Texten schlüpft das Ich in keine metaphorische Welt, ist nicht Teil der beschriebenen Natur, sondern übernimmt einen wohl auch autobiographischen Charakter, ist Stimme der Frau, die ihren tiefsten Erlebnissen ganz unmittelbar ein Bild verleiht.

Die Feuer des Opfers, die im Körper während der Geburt gelöscht werden – ‹E stüz meis fös/Intschais da mi'offerta› (‹Löscht meine Feuer/Weihrauch meines Opfers›) – bleiben, und dies ist bemerkenswert, dasselbe Bild, auch für den Schmerz, der den Körper bedroht, keine Leben mehr schenkt und ihm das Leben nimmt. Mit denselben Bildern werden Anfang und Ende beschrieben. Die brennenden Feuer im Ich stehen für die Jahreszeit des Ichs, in der es lebt und auch stirbt.

Die Bilder dieser Lyrik gehören zu jenen des Ursprungs des Lebens. Dies gilt auch für die Gedichte, die Luisa Famos ihrer Nachwelt in Manuskripten hinterlassen hat. Die Elemente Wasser und Feuer, Luft und Erde sind Eckpfeiler; Feuer und Erde nehmen dabei einen dominanten Platz ein. Das Feuer der Liebe und des Todes in den Sternen, vom geliebten Du im Ich entfacht; Feuervögel durchqueren den Himmel, gesehen vom zurückbleibenden Ich, und der grosse Schnee löscht das brennende Herz.

Belebt wird diese Welt von luftigen Wesen, von Vögeln, für Luisa Famos allem voran von ihren Schwalben, ihrem deklarierten Alter Ego: Sie ist die Schwalbe, die immer weiter und höher kreist, ihr ist die schwarze Schwalbe, die ihre letzten Kreise am weissen Haus zieht. Die Kreise der Schwalben werden zu den sich schliessenden Kreisen der persönlichsten Jahreszeiten des Ichs.

Ohne Pathos hat Luisa Famos mit denselben klaren Farben ihr Leben und ihr Sterben in knappen Worten festgehalten.

Sie wusste um die Kraft ihres Wortes, lässt uns ihr Lied – ‹Unter dem Gewölbe/Der Kirche San Flurin/Verborgen/Irgendwo› – finden, lässt es uns lesen, verstehen und lehrt uns, ihm Sorge zu tragen.

Zürich und Ramosch, im Frühjahr 2004

Anmerkungen

Im Nachlasskonvolut der Gedichte von Luisa Famos befinden sich Manuskripte (M) und Typoskripte (T).
Die – ausschliesslich handschriftlichen – Korrekturen der Autorin haben wir in dieser Ausgabe folgendermassen gekennzeichnet: Definitive Fassung an erster Stelle, gefolgt von einer eckigen Klammer; Gestrichenes an zweiter Stelle.
Korrekturen der Herausgeberin sind *kursiv* hervorgehoben: Korrigierte Form an erster Stelle, gefolgt von einer eckigen Klammer; ursprüngliche Form an zweiter Stelle. Ebenfalls *kursiv* sind die Übersetzungen wiedergegeben. Kurzkommentare der Herausgeberin und Übersetzungen stehen grundsätzlich in runder Klammer; Zitate im Kommentar in eckiger Klammer, ebenfalls in eckiger Klammer sind von LF vollständig gestrichene Zeilen.

Abkürzungen der Anmerkungen

LF	Luisa Famos
M	Manuskript Luisa Famos
T	Typoskript Luisa Famos
[...]	Text Luisa Famos
Ged.	Gedicht
Var.	Variante
Fass .	Fassung
Übers.	Übersetzung
Hrsg.	Herausgeberin
korr.	korrigiert
transkr.	transkribiert
gestr.	durch LF gestrichen
ebd.	ebendort
zw.	zwischen
erg.	von der Hrsg. ergänzt
eig.	eigentlich; bez. die heutig gültige grammatikalische Norm
dial.	dialektal oder regional
i.eig.Z.	in eigener Zeile
teilw.	teilweise
alte Schreibw.	alte Schreibweise
a.Z.ende	am Zeilenende
a.Z.beg.	am Zeilenbeginn
v.H.	von Hand
angef.	angefügt
ers.	ersetzt
i.Kl.	in Klammern
abgel.	abgeleitet
gr.	gross
vall.	vallader; Unterengadinisch
put.	puter; Oberengadinisch

I

S. 24

I vain prümavaira (M)

S. 26

Tü hast invüdà ... (M)

2/13 tuottas stailas] (eig. *tuot las stailas*)

13 *invüdà*] invüda (sinngemäss erg.)

6–9 Perquai ch'eu nu sun/buna da fuormar/meis pled] Perquai cha meis pled/ nu sun buna da/cull fuormar (gestr.)

12 Cur cha] Forsa cha cur (gestr.)

S. 28

I sun passadas ... (M)

3 *mo*] mô (korr.)

6 *tesser*] tessar (korr.)

zw.6u.7 [co chi han fat il] (i.eig.Z. gestr.)

9 han ingolà] lià; ingolà; lià (gestr.)

ebd. ingolà] (dial., eig. *involà*)

zw.9u.10 [per saimper] (i.eig.Z. gestr.)

zw.11u.12 [am dan meis] (i.eig.Z. gestr.)

11–13 Cura {nu saja} sarà/{Mo la vain}/La saira/Cha stailas dan/{Meis ögls}/ Darcheu a mai?] (Rechtsbündig, mit dem Gestrichenen zwei Zeilen mehr, eine Var. zur Strophe, teilw. ebenfalls gestrichen. Die gestr. Teile sind hier in geschwungener Klammer wiedergegeben.)

17 mai] (a.Z.ende gestr.*)*

19 toccar] *(eig. tocker)*

am Textende Var.:

[Parderta sun/da't toccar/man/e chaminar/cun tai/Vers il sulai/da la daman.]

(Bereit bin ich/dir die Hand zu geben/um zusammen/zur Morgensonne hin/ zu gehen.)

Unter einer Trennungslinie dem Ged. angef. folgende – hier transkr. – Zeilen:

[Cura nu saja/mo üna ja/ston ellas/tuornantar meis ögls]

(Wann weiss ich nicht/aber einmal/müssen sie/meine Augen zurückgeben)

Als T befindet sich im Nachlass ein kurzes Ged., welches aus dem Schluss von **I sun passadas ...** entstanden zu sein scheint. Wir fügen es an dieser Stelle an:

Stailas tampradas Da la not d'instà	*Laue Sterne* *Der Sommernacht*
Ans tschegnan Da'ns dar il man	*Sind uns Zeichen* *Die Hand zu geben*
E chaminar	*Auf dem Weg*
Aint il nouv di.	*In den neuen Tag.*

S. 30

La not (Plan tieu ...) (T)

1 Plantieu] Planin (gestr.)

ebd. *Plan tieu*] (korr.)

6 traschendas] (put., eig. *tarschendas*)

7 sumbrivas] tias sumbrivas (gestr.)
8 misteriusa bellezza] misteriusa beada bellezza (gestr.)
9 tü'ns ninast in sön] sast tü ninast umans in ün sön (gestr.)
11 *Imparzial*] Imperzial (korr.)
ebd. ais] (alte Schreibw. f. *es;* LF benutzt beide Formen)
12 abratschà] ramassà (gestr.; a.Z.beg. [branclà] angef.)
13 varsià] afflit (in fremder Handschrift a.Z.ende angef.)
ebd. varsià]/beà] (eig. *varsiats/beats*)

S. 32
Teis taler (M)
Titel Teis taler] Meis taler (gestr.)
2 hast] m'hast (gestr.)
11 ed uoss tessains insembel] ed uoss tessast tü mia vita] (Ungestrichen nebeneinander, aus der Logik der folgenden Zeile lassen wir die Var. mit der Du-Form weg.)
ebd. uoss] (Kurzform f. *uossa*)
ebd. tessains] (put., eig. *tessain (nus)* oder *tessaina*)
13 *razs sulai*] razs sulais (korr.)
16 Teis razs sulai] e'ls razs sulai (gestr.)
17 charezzan mi'orma] charezzan meis/corp (gestr.)
21 *Tessa'm*] t'essa'm (korr.)
23 Perche eu] (eig. *perche ch'eu*)

S. 34
L'ajer nair da la not ... (T)
(Die Korrekturen in diesem Gedicht stammen nicht von LF, sondern von einem uns nicht bekannten Lektor. Die meisten Vorschläge überzeugten LF und wurden in den Text integriert.)
2 calm'] (Vorschlag Lektor: «sön?»)
6 ün sömmi] il sömmi (v. Lektor gestr.)
7 meis] nos (v. Lektor gestr.)
ebd. inaivra] (eig. *inavriescha*)
8 sia] (Vorschlag Lektor: «dutscha?»; «greiva?»)
11 Snüdà dal misteri] Palais il misteri (angef., v. LF?)
(Der Lektor unterstützt die erste Fassung.)
ebd. *schnüdà*] snüdà (korr.)
11/12 snüdà/zoppantà] (eig. *schnüdats/zoppantats*)
12 zoppantà] (Vorschlag Lektor: «cuvert»; «zoppà»)
13 la feivra] (a.Z.ende freistehend, v. Lekt. angef.)
14 d'ün'amur] la feivra d'ün'amur (gestr.)
ebd. arsaintada] (eig. *arsantada*)
16 e mai saduollada] chi voul gnir saduollada (gestr.)
ebd. saduollada] (eig. *sadulada*)
17 Eu dod in charezzas] In charezzas dod eu (gestr.)
18 da tai] tia (v. Lektor ers.)
ebd. l'impromischiun] impromischiun (v. Lektor erg.)
19 mo quella da tgnair] da tgnair quella duman (gestr.)
20 duman nun est bun] nun est bun (erg.)
ebd. duman nun est bun] (Vorschlag Lektor: «mo sa cha duman/ da la tgnair nun est bun»)
ebd. (LF benützt die Formen [duman] und [daman] nebeneinander.)
ebd. e sa/mo sa cha] (v. Lektor – ? – gestr.)

a.Z.ende «Be propostas. Tü chattarast la storta!!»] (*Lediglich Vorschläge. Du wirst den Rank finden!!*, Anmerkung *des Lektors*)
23 vi da tai'm] vi da'tai **m** (v.H. – fett – erg. u. Apostroph gestr.)
23/24 tai'm=tai am/vögl] (am linken Blattrand v.H. angef, v. LF?)

S. 36
Cun quel bütsch (T)
(Im T ist der **Titel** in Majuskeln geschrieben, wie in den Einzelausgaben von *Mumaints* und *Inscunters*. In *Poesias*, Arche, 1995 und im vorliegenden Band wurde dieses Prinzip nicht übernommen.)
5 *d'eira*] deira (korr.)
ebd. *immens*] imens (korr.)
7 tuot il d'or] (dial., eig. *tuot l'or)*
11 tardezza] (Neubildung abgel. v. *tard*, eig. *retard)*
12 sbuorvs] (eig. *buorfs*)
ebd. *dulur*] duluor (korr.)

S. 38
Vers saira (M)
(Ganzes Ged. zu vergleichen mit **Eu nu sa ...** in: *Poesias*, Arche, *1995*.)
3 quaista] (alte Schreibw. f. *quista)*

S. 40
La not (La not ha disegnà ...) (M)
1/7 *disegnà/disegn*] dissegnà/dissegn (korr.)
6–8 (am rechten Blattrand, seitl. zu **1–3**, neben Trennlinie angebracht.)

S. 42
In pacs dis sun ... (M)
5 dand] (alte Schreibw. u. put., eig. *dond*)
7 Mias paschiuns] Mias paschiuns/s-chodadas (gestr.)
9 sumgliant'als fös] (eig. *sumgliaintas als fös*)
11 la] üna (gestr.)
12 *clerità*] clerita (erg.)
14 *co*] sco (korr.)
16 *Tü*] tü (den übrigen Formen angepasst)
20 *sco*] sco'l (korr.)
21 chüralla] (put., eig. *spler*)
(Dem Gedicht angefügt ist eine der seltenen Datierungen: [14.10.1970/Ramosch] Ramosch ist der Geburtsort von LF, wo sie in späterer Zeit mit ihrem Mann und den beiden Kindern ihre Ferien verbrachte.
Das Gedicht ist auf zwei Seiten geschrieben, auf einem angerrissenen A5 Blatt; am unteren Blattrand, auf dem Kopf stehend: Teil einer Einkaufsliste von LF: [butiglias Pflümli/tschigulatta,/per Frau Cerni/Motia/Duarte]
(Plümliflaschen/Schokolade/für Frau Cerni/Motia/Duarte)
Am Blattrand ist mit geschwungener fremder Schrift ein grosses rotes geschweiftes «R» angebracht.
Im Nachlass befindet sich eine weitere Fass. v. Ged. mit einem leicht abgeänderten Anfang: [Uossa cha las sairas/fraidas sun qua] (*Nun, da die kalten/ Abende da sind*). Die vielen Korrekturen lassen auf eine Vorstufe schliessen.)

S. 44
Eu cugnuosch mias plajas ... (M)

2 sun fingià] uossa (gestr.)
3 *listess*] l'istess (alte Schreibw., korr.)
4 cha tü] (a.Z.ende gestr.)
5 *est*] esch (korr.)
6 *crajer*] crajar (korr.)
ebd. duman] (LF benutzt die Formen [duman] u. [daman] nebeneinander)
(Auf dem M steht eine Var. vom Ged.schluss. Wir führen sie hier in transkr. Form, ohne Übers. an.)

Cha tü esch parti
e crajar cha duman
ia darcheu sü il sulai
Ma sia clerità arda meis cour
ed ingünas fluors nu creschan laint

II
S. 48
Eu stend oura ... (T)
6 sun] (eig. *saja*; bewusste Wahl des Indikativs?)
(**Rücks.** : M **Mia poesia d'utuon**, cf. S.84)

S. 50
Aint in las muntognas ... (T)
1 Aint in] dasper (gestr.)
2 naschüda] nada (?) (gestr., a.Z.ende Fragezeichen, i.Kl.)
7 inglatschar] invaidrir? (angef.)

S. 52
(Zwei Varianten – **I/II** – zum Motiv der Geburt des ersten Kindes, als Ganzes zu vergleichen mit **Per mai es stat quel di ...**, S. 54)
Quist ais l'utuon (/Tuot oter ...**)** (**I**/M)
1 ais] (alte Schreibw. f. *es*, cf. **I,5)**
2 tuot oter] otra (versehentlich ungestr. geblieben)
3 quels] quellas (gestr.)
ebd. dad üna] d'üna (ers.)
2/3 (Hier korrigiert LF die weibliche Form von *utuon*, die sie an anderer Stelle so benutzt, cf. **Per mai es stat quel di ...**, S. 54,**2**)
3 *co*] sco (korr.)
zw.3u.4 [Cun fös chi ardan/aint in mai] (i.eig.Z. gestr.)
4 clerezza] (hier f. *clerità)*
5 *mincha di*] minchadi (korr.)
5/6 seitl. markiert
(Auf dem M des Ged. **Teis taler**, S. 32 befindet sich eine weitere Fass. von **Quaist ais l'utuon**/Tuot oter ... Das Motiv der Geburt fehlt in jener – früheren? – Fass.)

Ant la naschentscha da meis infant (II/M)
Titel infant] (LF benutzt diese alte Form neben *uffant*, cf. **II,13**).
1–3 (Der Anfang des Ged. ist – bis auf den Zeilenfall **2/3** – identisch mit **Quist es l'utuon**/Sco quai ... S. 74)
3 *d'inrar*] dinrar (korr.)

11 *glüm*] g ... (erg.; in Analogie zu **I,11**)
(Auf der Rücks. des M hat LF folgende – frühere? – Bleistiftnotiz mit demselben breiteren Stift des Ged. gestrichen: [Titel/fuormat/co partir aint/scrittüra/mincha fögl/franzes/datums] Überlegungen für eine Edition?)

S. 54
Per mai es stat quel di ... (M)
(Selten datierte LF ihre Texte. Am 25. Nov. 1964 gebar LF ihren Sohn.)
1 quel] güst quel (gestr.)
2 l'ultim] l'ultim di (gestr.)
ebd. mi'utuon/tant glüminusa] (dial., eig. *meis utuon/tant glüminus)*. (LF benutzt die männliche und die weibliche Form von *utuon*. In diesem Ged. mit der Geburtsthematik bevorzugt sie bezeichnenderweise die weibliche. Den Herbst bezeichnet LF wiederholt als ihre Jahreszeit. Die Identifikation geht offensichtlich so weit, dass diese Jahreszeit das Geschlecht der Autorin annimmt, cf. **Quist ais l'utuon**/Tuot oter ..., S. 52, **2/3**)
5 *d'eir'il*] deir'il (erg.)
6 d'ün blau] cun d'ün blau (gestr.)
8/11 Dumandas/muntagnas] (alte Schreibw. u. put., eig. *dumondas/muntognas*; LF benutzt die alte Schreibw. neben der neuen, cf. [chomps] **14**/[flommas] **17**)
12 *al*] a'l (korr.)
32 *nu*] nu' (korr.)
33 *Nun*] nu (erg.)
35 las dulurs] dulurs (gestr.)
ebd. las dulurs] (eig. *duluors*)
37 *eternitats*] eternitas (erg.)

S. 58
Eu am sdruagl surpraisa ... (M)
4 corp] (strapatschà) (i.rund.Kl. v. LF a.Z.ende angef.)
5 *tant'*] tant (korr.)
6 *innocenza*] inocenza (korr.)
7 Pürezza] Albur da (gestr.)
9 crodada] crodada sain (gestr.)
10 lam] (alte Schreibw. u. put., eig. *lom*; LF benutzt die alte u. neue Schreibw. nebeneinander, cf. [lominas] **26**)
11 *fast*] fasch (korr.)
12 *stizis*] stizzis (korr.)
13 *sfuondrast*] sfondrasch (dial., korr.; LF benutzt *sfuondrar* transitiv)
19 *Plan sieu*] Plansieu (korr.)
ebd. *cuernà*] cuernada (sinngemäss korr.)
20 *ha'l'ils*] ha'l ils (korr.; eig. *ha'la ils*)
26 *lomminas*] lominas (korr.)
27 impli] quiet (gestr.)
ebd. ais] (alte Schreibw. f. *es*, cf. **17**)

S. 60
I sun passadas nots e nots ... (T)
2 *mo*] mô (korr.)
3 *guots*] gots (dial., korr.)
4/8 *nouva/nouvas*] nova/novas (dial., korr.)
(3 T – z.T. Durchschläge? – v. Ged. i. Nachlass. Bis auf das von LF (?) korr. [mia algordanza] zu [mias algordanzas] sind sie identisch.)

S. 62

Questa not ... (M)

1 Questa] (dial., eig. *quista*; LF benutzt [quista], die alte Schreibw. [quaista] u. dial. [questa] nebeneinander)

2 *giò*] gio (erg.)

8 *tillas*] t'illas (alte Schreibw., korr.)

9 *scurrantadas*] scurantadas (korr.)

(Das Ged. könnte eine Var. zum publizierten **Not d'amur**, *Poesias*, Arche, 1995 sein. Ein Hinweis dafür finden wir dem Ged.fragment **Uossa cha las sairas ...** mit den zwei gestr. Titeln [**Not d'amur**] und [**Quista not**] angef.)

S. 64

Vo tuots eschat passats ... (T)

(Im Nachl. befinden sich 2 T des Ged.; bis auf ein Ausrufezeichen am Ged.ende sind die beiden Texte identisch.)

3 *d'eirat*] deirat (erg.)

ebd. *annorums*] anorums (korr.)

8 *Dit am*] Dita'm (korr.)

S. 66

Be tant ... (M/T)

(Dieses Ged. kommt im Nachl. in zweifacher Form vor, als M und als T mit handschriftl. Korrekturen. Als eines der wenigen Ged., die nicht zu *Poesias*, Arche, 1995 gehören, wurde es 1974 – wenige Monate nach dem Tod der Dichterin – in der Zeitschr. *Orte*, Okt.–Nov., mit dem Titel **La glüm d'üna chandaila** publizert. Es entspricht – mit dem leicht veränderten Titel – der getippten Var. im Nachl. (cf. **II**), ohne Berücksichtigung der handschriftl. Änderungen im T.
Um zu zeigen, wie LF an ihren Texten gearbeitet haben könnte, geben wir die möglichen drei Arbeitsphasen in folgender Reihenfolge wieder: **I**: M, **II**: ursprüngliches T und **III**: handschriftl. korr. T. Wir haben uns entschieden, dem M erste Priorität zu geben und die beiden weiteren Fass.en – ohne Übers. – anzufügen.)

I

2 glüm] glüsch (gestr.)

7 quaista] (alte Schreibw. f. *quista*)

ebd. chi] chi'm (gestr.)

ebd. sulezza] (alte Form f. *suldüm*, cf. relig. Texte aus dem 17.Jh., wie u.a. von J. Vulpius et J. Dorta, *La sacra Bibla*, Scuol 1678–79)

ebd. cun] pro (gestr.)

11 *Pass*] Pas (korr.)

12 tuots passan] van (a.Z.beg. gestr.; [passan] unterstr.)

14 vo giaivat] (am rechten unteren Blattrand angef.)

15 *sieuer*] siouer (korr.)

zw.17u.18 (Markierung und Fragezeichen a.Z.ende)

am Textende [tuot quai/chi ais dispers./Chi voul raspar insembel?/Chi'm praista/Si'uraglia] *(all/das Verlorene./Wer will es zusammenraffen?* gestr.*)*

II

(*Orte*, Okt.–Nov. 1974)

Be tant co la glüm
D'üna chandaila
Vuless tgnair in meis mans

III

Tant co la glüm
D'üna chandaila
Vuless tgnair in meis mans

Am salvar
Da quaista suldüm
Chi paisa giò'l fuond
Da meis cour
E's radubla
Cun mincha pass
Ch'eu dun

Utschels da fö
Traversan il tschêl.

Sclerind la suldüm
Giò'l fuond
Da meis cour
Chi'm vegn radubland
Sün pass per pass

Utschels da fö
Traversan il tschêl.

III

S. 70

Eu sun la randolina ... (M)

1 randolina] (alte Schreibw. f. *randulina*. LF benutzt beide Formen)
3 *s'alvaint'ot*] s'alvaint ot (erg.; eig. *s'alvainta ot*)
4 amo] (a.Z.ende gestr.)
8 *da l'orizont*] dal orizont (korr.)
am Textende eu svoul sur] (*ich fliege über;* Ansatz einer weiteren Strophe?)
(Das Ged. befindet sich auf einer linierten A5 Heftseite. Auf derselben Seite stehen einzelne Buchstaben einer Schülerschrift, vom kleinen Florio Marchet? LF hat während der südamerikanischen Zeit ihren Sohn z.T. selbst unterrichtet.)

S. 72

Cumgià (T)

8 mô] (eig. *ma/mo*; in zwei der vier Fass.: [mô])
ebd. *listess*] l'istess (alte Schreibw., korr.)
(Von diesem Ged. befinden sich vier Fass. und eine Var. im Nachlass. In zwei der vier Fass.en beginnt das Ged. mit [E]; beide Male gestrichen.
Eines der T scheint eine frühere Fass. zu sein, da darin die meisten Änderungen angebracht sind, die in den drei weiteren T übernommen wurden.
Der Ged.schluss lautet in der offenbar früheren Fass.:
[Plü dastrusch/co mia not] *(Näher/als meine Nacht)* und fehlt in den übrigen drei Fass.
In zwei der vier Fass.en steht folg. Schluss: [Meis di/Mia not]; gestr.
Auf einem der T befindet sich auch eine Kinderzeichnung, von einem der beiden Kinder von LF?
Auf der Rückseite eines weiteren T stehen Notizen von LF, u.a. zwei Adressen und einige Zahlen.
Das Ged. ist – mit einer Übertragung von Hyldrich Blanke – 1966 im *Bündner Jahrbuch* publiziert worden; fehlt in *Mumaints* u. *Inscunters* der *Poesias*, Arche, 1995.)

S. 74

Quist es l'utuon (/Sco quai chi's ...) (M)

1 l'utuon] ün utuon (gestr.)
2 sco quai chi's vezza be d'inrar] Tuot special (gestr.)
3 lingias] cun sias lingias (gestr.)
ebd. tendüdas] (eingefügt)
5 *svouls*] svols (dial., korr.)
7 randulina naira] randulina alba (gestr.)

8 *rudels*] rudes (korr.)
9 *süls mürs*] sün mürs (korr.)
ebd. mürs] mürs albs (gestr.)
11/12 sulai da/settember] sulai d'oc (gestr.)
(Var. zu **Üna föglia da coller**, *Poesias*, Arche 1995;
cf. Ged.anf. v. **Quist ais l'utuon**/Tuot oter ..., S. 52 u. **Ant la naschentscha da meis infant**, S. 52)

S. 76
L'accord (T)
3 *dalöntsch*] dalön[t]ch (unvollst. Korr.; v. Hrsg. erg.)
4 Da] In (gestr.)
ebd. inaivrar] (eig. *inavriar)*
6 O fadima] (eig. *O fadima't*)
zw.6 u.7 tü accord?/plain culur/vigur] (seitl. ungestr. u. unterstr. v.H. angef.)
8 Chafuol] Profuond (darüber angef.)
ebd. *profuond*] profond (korr.)
10 immaint] esser (gestr.)
13 *in etern*] in'etern (korr.)
(Titel in Majuskeln getippt, auf der Rücks. handschriftl. Titel, schimmert spiegelverkehrt durchs Blatt.)

S. 78
In vailas graziusas ... (**I**/M) / **Vailas graziusas** (**II**/M)
(Var. -?- von **Tschiera su l'En**, *Bündner Jahrbuch*, 1966; cf. **Eu danöv vegn nada**, S. 80 u. **Cumgià**, S. 72 , Anm. der Hrsg.
Im Nachl. befindet sich eine weitere Fass. zu diesem Text. Den Schluss jener Fass. benutzt LF leicht abgeändert in **Utuon ma stagiun preferida**, S. 92.
Da beide Var. Änderungen von LF enthalten, kann nicht auf eine 1. oder 2. Fass. geschlossen werden. Wir führen sie hier in der Reihenfolge des Nachlasskonvoluts auf und bezeichnen sie mit **I** und **II**.)

I 1 in vailas graziusas] (v. LF doppelt unterstr.)
I 5 Questa] (dial. f. *quista*; LF benutzt [quista], die alte Schreibw. [quaista] u. dial. [questa] nebeneinander)
I 6 eu] (a.Z.ende gestr.)
I 7 *Cumgià*] cumdgià (korr.)
I 8 Ella passà] Ella traversa passà (gestr.)
ebd. *passa*] passà (entspr. zu [traversa] korr.)
II 8 parta] passa (gestr.)
II 9 duman] (LF benutzt [duman] u. [daman] nebeneinander**,** cf. **I 5)**

S. 80
Eu danöv vegn nada minch'utuon (M)
(cf. **In vailas graziusas ...**, S. 78)
Titel Eu vegn nada minch'utuon] Eu vegn nada danöv cur minch utuon chi tuorna (gestr. u. geändert)
ebd. Eu danöv vegn nada] Eu vegn nada danöv (umgestellt)
ebd. Eu danöv vegn nada] (eig. *Eu nasch danöv*)
ebd. *minch'utuon*] minch utuon (erg.)
1 cur tuorna] (poet.; eig. *cur cha*, cf. **3**)
1u.2 (seitl. markiert)
3 *poss*] pos (korr.)

5 *Settember*] settembar (korr.)
8 *svouls*] svols (korr.)
ebd. d'utschels] dals utschels (gestr.)
zw.10u.11 [as transmüda in vailas graziusa] (i.eig.Z. gestr.)
11 *Vailas graziusas*] Vailas graziusa (erg.)
12 chi schlischan tras il mar verd] chi schlischan sur il mar gelg (gestr. u. ers.)
ebd. *sglischan*] schlischan (dial., korr.)
zw.12u.13 *Tremblai*] Dals petschs da Tremblai (gestr.)
(Tremblai: Mit Wellenlinie doppelt unterstr.; wohl nachdem [mar verd] durch [mar gelg] ersetzt wurde, i. einem weiteren Arbeitsgang evtl. versehentlich stehen geglieben. Das Toponym Tremblai bezeichnet eine Waldlichtung in der Nähe von Ramosch.)
ebd. [Dals petschs da Tremblai] (i.eig.Z. gestr.)

S. 82
Duman nun eschan ... (M)
1 duman] (LF benutzt [duman] u. [daman] nebeneinander)
5 *immens*] imens (korr.)
7 *utschè*] utsche (korr.)
10 traversa il tschêl] traversa l tschêl (gestr.)
12 *uschè*] usche (korr.)
zw.12u.13 s] (a.Z.beg. gestr.)
14 *ingün*] inchün (korr.)
15 *Mo*] mô (korr.)
16 *cur cha'ls*] cur chals (korr.)
20 es lur] es il (gestr.)
24 cur] (poet.; eig. *cur cha*)
ebd. ümels] (eig. *ümils*)
28 d'la] (a.Z.ende gestr.)
zw.28u.29 [plouv puolvra d'fain] (i.eig.Z. gestr.)
33 *aint in alch*] aint il alch (korr.)
35/36 chanzun/da quella jada] chanzun/cha bleras jadas/n'ha da quella jada (gestr.)
am Textende Allegra Andri – qua damaja üna charta. Na quella charta! però eu sa cha ...] *(Allegra Andri – hier also ein Brief. Nein, nicht jener Brief! aber, ich weiss dass ...)*. (Quer zum Text, ein Briefanfang von LF an ihren Dichterfreund Andri Peer.)

S. 84
Mia poesia d'utuon (M)
4 *schmuantar*] smuantar (korr.)
zw.10u.11 [O mumaint sta salda] (i.eig.Z. gestr.)
ebd. *Nu'm*] N'um (korr.)
(**Rücks.**: T **Eu stend oura**, cf. S. 48)

S. 86
E cur ch'eu sarà morta (**I**/T) **/ E cur cha sun partida** (**II**/M)
(Das Ged. wurde offensichtlich von LF in einer ersten Fass. getippt, danach handschriftl. überarbeitet und abschliessend auf einem neuen Blatt ins Reine geschrieben. Wir geben hier mit **I** das T wieder, mit **II** die handschriftl. Reinschrift.)
I 4 Perche eu] (eig. *Perche ch'eu*)
I 7 *til*] t'il (alte Schreibw., korr.; LF benutzt [t'il] u. [til] nebeneinander.
In der handschriftl. Reinschrift wurde die ältere Form von LF korr., cf. **II 7**)
I 9/10 Be quels/sulai e vent] (v.H. angef. u. **10** unterstr.)
(Auf der Rücks. des T steht das M **inviern**, seitl. markiert, am Ged.anf hochgestellt

die Zahl 3. Das Ged. enthält Elemente aus **Eu spet cha'l tschierchel**, S. 88. Wir fügen **inviern** transkr. und ohne Übers. an.)

<u>inviern</u>
Usché sco quai chi naiva
hoz /nun ha mai vis
a naiver
naivada sün naivada
stüdan ils fös in mai

S. 88
Eu spet cha'l tschierchel ... (M)
über 1 [Forsa] (i.eig.Z.gestr.)
ebd. tschierchel] (rudè) (in runder Kl. angef.)
3 nüd] avert (gestr.)
5–7 (seitl. markiert)
7 *utschels*] uschels (erg.)
8 *ad ün*] adün (korr.)
10 Eu sun il chomp] meis cour es (gestr.)
11 *uondagian*] ondagian (dial., korr.)
11/12 *lasura*] la/sura (korr.)
13 *plan sieu*] plansieu (korr.)
ebd. madürescha'l] (eig. *madüra'l*; hier trans. benutzt)
14 ma] (a.Z.beg. gestr.)
16 ma] e (a.Z.beg. gestr.)
17 meis desideri] mi'increschantüm] (gestr.)
18 chafuol –] chafuol – eu sun (gestr.)
zw.18u.19 che pos eu far/ scha lommas] (i.eig.Z., [che]: von Hrsg. gestr.)
19 Lommas] scha lommas (gestr. u. ers.)
20 naivadas] mas naivadas (gestr.)
21 stüdan meis] stüdan meis fös (gestr.)
23 Eu spet sün quel/ di ...] (eig. *Eu spet quel/di ...)*
S. 90
Ün di da prümavaira (M)
2 *terra*] Terra (korr.; den übrigen kleingeschr. Formen angepasst)
zw.5u.6 [Eu tegn] (i.eig.Z. gestr.)
9 *cul'in*] cull'in (korr.)
zw.9u.10 [Sia S] (i.eig.Z. gestr.)
11 in] Aint in (Z.beg. gestr.)
14 quaist] (alte Schreibw. f. *quist*; LF benutzt beide Formen nebeneinander*)*
18 *dad ot*] dadot (korr.)
22 sturnainta] (Neubildung, abgel. v. *stuorn*)
26 Eu vez meis] Eu be amo vez meis (gestr.)
zw.29u.30 [meis lefs] (i.eig.Z. gestr.)
zw.32u.33 [Terra ma sour] (i.eig.Z. gestr.)
(Quer zum Ged.schluss ein Briefanfang: [Allegra Andri –] gestr.)

S. 92
Utuon ma stagiun preferida (M)
3 (?)] (a.Z.ende, i.rund.Kl. angef.,v. Hrsg.gestr.)
4 Impla] (poet.; eig.*implischa*)
5 s-chürdüms] (nots) (i.Kl. angef.)
6 unviern] (dial. f. *inviern*)

(Das Ged. steht auf der Rücks. v. **Eu danöv vegn nada minch'utuon,** S. 80)
(Eine Var. der 1. Strophe befindet sich auf der Rücks. vom – für diese Ausg. nicht augewählten – M **Minch'on**. Wir fügen hier in transkr. Form zuerst die Var. der 1. Strophe an; an zweiter Stelle, ohne Übers., das M **Minch'on,** welches ferner Elemente aus **In vailas graziusas,** S. 78, enthält.)
[Lia cun tschierchels/dor/Meis temps/e mas algordanzas/Meis surrirs/E mas larmas]

Minch'on
cur chi tuorna l'utuon
nasch eu danöv
l'utuon
cur ch'eu pos leger in
la clerezza da meis
settember
Dir adieu a mia tristezza
chi parta culs svols
dals utschels
strivlond il tschêl (la lingia)
cur cha'ls prüms mans
fraids da tardas damans
e nots avanzadas
am quintan da la mort
sainza sufrentscha
e da resüstanzas chi ünsacura
am surprendan
Utuon ma stagiun preferida
impla meis ögls cun tia
glüm
ch'eu vezza tras nots
marvas da l'unviern
chi spetta davo ils
orizonts.
(Der Schluss von **Minch'on** wiederum ist eine Var. zur 2. Strophe dieses Gedichts. Auf dem M **Utuon ma stagiun preferida** steht wiederum eine gestr. Var. von **Minch'on.**
Damit soll ansatzweise illustriert werden, wie LF einzelne Segmente ihrer Ged. losgelöst erneut benutzte oder variierte.)

Zeittafel

1930 7. August: Luisa Famos wird in Ramosch im Unterengadin, Kanton Graubünden geboren. Primar- und Sekundarschule in Ramosch. Besuch des Lehrerseminars im Bündner Kantonshauptort Chur.

1950–51 Erste Lehrtätigkeit an der Gesamtschule im Dischmatal bei Davos, Kanton Graubünden.

1952–54 Lehrerin in Vnà bei Ramosch.

1955 Lehrerin im appenzellischen Speicher.

1956–ca.59 Lehrerin an der Gesamtschule Guarda im Unterengadin. Luisa Famos verlässt das Engadin aus Enttäuschung über die Erteilung der Wasserkonzessionsrechte von Guarda an die Engadiner Kraftwerke.

ca. 1959 Aufenthalt in Paris. Studium der französischen Literatur.

1960–64 Nach verschiedenen Aushilfelehrerstellen in Zürich feste Anstellung an der Primarschule Dietikon im Kanton Zürich.

1963 Heirat mit dem Ingenieur Jürg Pünter.

1964 Geburt des Sohnes Florio Marchet. Verlässt die Lehrerstelle. Der Wohnsitz der Familie wechselt von Zürich nach Fribourg, je nach Arbeitsort von Jürg Pünter, der als Tunnelbauingenieur auf verschiedenen Grossbaustellen der Schweiz arbeitet.

1960–65 Einzelne Gedichte werden im engadinischen Periodikum «Chalender Ladin» vorerst unter dem Pseudonym Flur da Riva, dann unter ihrem bürgerlichen Namen publiziert.

1960 Der Gedichtband *Mumaints* erscheint im Selbstverlag.

1961 2. Auflage von *Mumaints*. Auszeichung der Schillerpreisstiftung.

1962–64 Moderatorin und Ansagerin der ersten romanischen Fernsehsendung «Il Balcun tort».

1967 Die einzige vollständige Erzählung, «L'hom sün fanestra» erscheint im Sammelband «Prosa rumantscha Prosa romontscha», Schweizer Verlagshaus, Zürich, 1967, 9–13.

1967 Geburt der Tochter Uorschla Fadrina.

1969–71 Die Familie lebt im zentralamerikanischen Honduras, wo Jürg Pünter als Bauingenieur arbeitet. Reise nach Mexiko.

1971–72 Die Familie zieht nach Santo Domingo, Venezuela, wo Jürg Pünter im Tunnelbau tätig ist. Reisen nach Peru und Kolumbien.

1972 Rückkehr in die Schweiz. Jürg Pünter übernimmt eine leitende Stellung beim Bau des Seelisbergtunnels. Wohnsitz der Familie in Bauen, Kanton Uri. Erste Anzeichen einer schweren Krankheit bei Luisa Famos.

1974 28. Juni: Luisa Famos stirbt in ihrem Heimatort Ramosch. Sie wird auf dem Dorffriedhof beigesetzt.

1974 Einige Monate nach dem Tod erscheint im Selbstverlag der zweite Gedichtband *Inscunters*.

1995 Erscheint im Arche Verlag Zürich *Poesias*. Das Buch enthält *Mumaints* und *Inscunters*.

Herausgeberin und Übersetzer

Mevina Puorger, 1956 geboren, aufgewachsen in Chur. Romanistikstudium an der Universität Zürich. Verheiratet, drei Kinder, wohnhaft in Zürich. Lehrbeauftragte für Rätoromanische Literatur an der Universität Zürich und an der Volkshochschule der Stadt Zürich.

Franz Cavigelli, 1946 in Zürich geboren. Nach dem Studium der Germanistik und Geschichte Lektor beim Diogenes Verlag und Programmleiter beim Manesse Verlag, seit 1992 Leiter des Bücherdienstes der Schweizer Kulturstiftung Pro Helvetia.

Im Limmat Verlag haben Mevina Puorger und Franz Cavigelli Werke von Jon Semadeni und Leonardo Zanier übersetzt und lektoriert.

Index

Leonardo Zanier

Den Wasserspiegel schneiden
Sot il pêl da l'âga
Gedichte Friaulisch und Deutsch

Mit einem Vorwort von Ottavio Besomi und einem Nachwort von Mevina Puorger

Dieses Buch versammelt Gedichte des Friulaners Leonardo Zanier, die zwischen 1960 und 2000 entstanden sind. Zaniers Gedichte führen zu menschlichen Grundfragen. Sie handeln von Menschen unterwegs, von Ausgegrenzten und Gezeichneten, fremd in der Fremde und fremd in ihrer Heimat, von Menschen im Krieg, von Liebenden und Geliebten.

Zaniers Poesie ist lyrisches Kondensat der Geschichte des Friauls/Karniens von der Zeit des Zweiten Weltkriegs bis auf den heutigen Tag. Und seine Gedichte begleiten das Leben italienischer Emigranten in der Schweiz der Nachkriegszeit. Zaniers Credo ist poetisch und politisch zugleich, seine lyrischen Texte beispielhaft für die Geschichte vieler Individuen, die er mit wachem Auge beobachtet und mit poetischer Präzision festhält. Hier wird nichts erfunden, und doch fügen sich diese Bilder zu einem Epos, das über die Menschen des Friaul hinaus auf allgemein Gültiges verweist.

«Ein Beobachter der Wirklichkeit, dem Schreiben ein moralisch-politisch-gesellschaftliches Anliegen ist. In den verschiedensten Tonarten: melancholisch, zornig oder sarkastisch, wo es ums Schicksal der Emigranten geht; mit bösem Witz, wo die Umweltzerstörung durch Industrie, Tourismus und Verkehr angeprangert wird.» *Neue Zürcher Zeitung*

Jon Semadeni

Die rote Katze/Il giat cotschen

Rätoromanisch und Deutsch

Übersetzt von Mevina Puorger und Franz Cavigelli

Der alte Chispar Rubar, erfolgreicher Anwalt und Politiker, wird auf einem Abendspaziergang von Bildern aus seinem Leben gejagt. Seine Macht als einer der Honoratioren des Dorfes war gross genug, um ruchlose Taten ungesühnt zu lassen. Doch nun holt den alten Mann die eigene Vergangenheit ein. Eindringlich und leidenschaftlich, in knapper Sprache erzählt der in Vnà im Unterengadin geboren Autor und Theatermann Jon Semadeni (1910–1981) die Geschichte eines korrupten Machtmenschen in seiner quälenden Einsamkeit.

«Eine dichterische Kraft, die Tag und Traum gleichermassen zu durchdringen vermag.» *Solothurner Zeitung*

«Es zeigt sich, wie kühler Pragmatismus und ausgeklügeltes, scheinbar reissfestes Karrieredenken ohne emotionale und moralische Unterfütterung in die schönste Hölle führen können: in die Hölle im eigenen Kopf.» *Neue Zürcher Zeitung*

«In der zweisprachigen Edition zeigt sich die ganze Schönheit unserer vierten Landessprache, die sich im Dichterischen ausdrucksstark darbietet.» *Neue Luzerner Zeitung*